以仁爱之心
树德行之本

——广东省金仁萍名园长工作室印记

金仁萍 / 主编

图书在版编目（CIP）数据

以仁爱之心　树德行之本：广东省金仁萍名园长工作室印记/金仁萍主编. —沈阳：辽宁大学出版社，2021.10

（名师名校名校长书系）
ISBN 978-7-5698-0457-7

Ⅰ.①以… Ⅱ.①金… Ⅲ.①学前教育－研究 Ⅳ.①G61

中国版本图书馆 CIP 数据核字（2021）第 146908 号

以仁爱之心　树德行之本：广东省金仁萍名园长工作室印记
YI RENAI ZHI XIN SHU DEXING ZHI BEN：GUANGDONG SHENG JINRENPING MINGYUANZHANG GONGZUOSHI YINJI

出 版 者：	辽宁大学出版社有限责任公司
	（地址：沈阳市皇姑区崇山中路66号　邮政编码：110036）
印 刷 者：	北京米乐印刷有限公司
发 行 者：	辽宁大学出版社有限责任公司
幅面尺寸：	170mm×240mm
印　　张：	16.75
字　　数：	310 千字
出版时间：	2021 年 10 月第 1 版
印刷时间：	2021 年 10 月第 1 次印刷
责任编辑：	李珊珊
封面设计：	徐澄玥
责任校对：	杨　蕊

书　　号：	ISBN 978-7-5698-0457-7
定　　价：	45.00 元

联系电话：024-86864613
邮购热线：024-86830665
网　　址：http://press.lnu.edu.cn
电子邮件：lnupress@vip.163.com

编委会

主　编： 金仁萍

副主编： 陈思慧　甄　妮　闫　帅

编　委：（排名不分先后）

刘剑辉　陈　湛　郝利君　张亚林　邹飞珍

邹秋红　萧泳莉　梁艳芳　谢君悦　龙宝滢

王丽丽

序 言
PREFACE

　　金仁萍，虽然只是中山市大涌镇中心幼儿园的园长，但却是中山市学前教育领域里第一位广东省名园长工作室主持人。她的名园长工作室有五十多名网络学员、四名入室学员，遍布中山市各个镇区。

　　广东省金仁萍名园长工作室培养了四名入室学员。在与学员们的接触中，能感受到主持人和入室学员们和谐融洽的师徒关系以及工作室浓厚的学习氛围。在三年的接触过程中，大家一起到主持人和每一位入室学员的幼儿园进行相互的学习考察，并对一些学校开展了实地诊断与后续帮扶工作。工作室主持人的教育情怀和人格魅力、教育智慧与管理经验让学员们深感敬佩，受益匪浅。而学员中不乏优秀的年轻园长，有朝气活力与积极主动的精神，各自管理的幼儿园也都是当地的优质幼儿园。在大家相互交流的过程中，有许多经验与思维方式相互启迪，更有不少思想火花的碰撞，使所有的学员，包括主持人，都感到收获颇丰。所以主持人和入室学员都一致评价：名园长工作室是一个学习共同体、成长共同体，是一个相互促进、共同提升的高端平台，是名园长成长的摇篮。

　　《以仁爱之心　树德行之本——广东省金仁萍名园长工作室印记》这本书正是在金仁萍园长的主持下编写的，反映了广东省金仁萍名园长工作室的理论和实践探索。从整本书的框架结构我们可以看到，工作室学员们的成长经历了四个阶段：第一阶段，通过自我反思、理论学习、同伴分享、向身边的专家和名园长学习等方式，让学员们清楚地看到了自己的优势，同时也发现了自身的不足、与名园长的差距，在此基础上制订自己的发展计划。第二阶段，根据每个人的发展计划与工作室课题，主持人为每位入室学员确定了一个子课题，引导和支持每位教师围绕自己的子课题进行深入研究。每位入室学员的研究课题都特别切合其自身的经验、兴趣和特点，拓展和深化了每个人的优势，使其理论和实践能力得到进一步的提升。第三阶段，在专家和主持人的引领和帮助下，学员们根据自身地域文化发展特点优势，撰写并征集地方文化课程优秀案例，整理成具有地方文化特色的中山市地方课程。

第四阶段，入室学员们反思和回顾了自己的成长历程、深切的感受与专业的成长。应该说，经过工作室的学习和研究，这些园长们已经站到了新的平台上，有的已经成为中山市的名师、名园长，有的已经行走在从骨干到名师、名园长的道路上。我相信她们在中山市的学前教育事业发展和幼儿园园长队伍建设中将发挥更大、更好的作用。

从这本书中，我们不仅看到了生动的案例，而且读到了发人深思的观点和论述；不仅看到了园长们的专业智慧，还看到了园长们对职业的高度认同、对事业的认真负责和对幼儿的高度尊重与关爱，更看到了孩子们因此获得的良好发展。每一分收获都凝结着工作室导师和全体成员的共同努力，每一分收获都体现了金仁萍园长追求卓越的教育理想和超乎寻常的教育智慧，每一分收获都反映了工作室所在幼儿园管理者的辛勤付出。感谢所有参与和支持这项工作的人们，感谢承接工作室日常工作的中山市大涌镇中心幼儿园，正是你们的支持与帮助，各项工作才得以顺利开展！

感谢工作室主持人金仁萍园长为中山学前教育教师专业化成长与发展付出的辛勤汗水和做出的重要贡献。并衷心祝愿金仁萍园长和她的工作室成员们在这条通往科学的、大众的、规范的、具有中山地方特点的学前教育研究发展的路上幸福快乐并乐在其中。

最后，祝福我们共同的学前教育事业拥有更美好的明天！

陈思慧

2020年12月30日

前言
FOREWORD

学前教育是终身学习的开端，是国民教育体系的重要组成部分，是重要的社会公益事业。办好学前教育、实现幼有所育，是党的十九大作出的重大决策部署，是党和政府为老百姓办实事的重大民生工程，关系亿万儿童健康成长，关系社会和谐稳定，关系党和国家事业未来。

根据《广东省"强师工程"实施方案（2017—2020年）》《关于加强"十三五"广东省中小学教师培训工作的意见》《广东省中小学名教师、名校（园）长工作室管理办法》和《广东省中小学名教师、名校（园）长工作室工作指南》等文件对幼儿园园长的新要求，成立广东省金仁萍名园长工作室正是为顺应广东省学前教育发展的新形势，加快中山市学前教育发展的步伐而采取的具有前瞻性的重要举措。以围绕"仁者爱人、仁爱满园、文化育人、润泽童心"的"仁·润"教育模式、"仁爱、合作、创新、共享"的工作理念，建设实体与网络相结合的新型工作室，创新省级中小学教师发展中心与名园长工作室协同育人体制机制。以名园长工作室为载体、以师带徒，构建研修共同体，促进名园长和培养对象共同提高，培养一支高水平专业化创新型的名园长队伍，努力造就一批卓越园长和教育家型园长。

作为工作室的主持人，我在一线奋斗四十余年，既能体会一线教师的困惑与艰辛，更懂园长们的不易与坚持。广东省金仁萍名园长工作室的成立，既是省教育厅对我个人的肯定，也给了我一次非常珍贵的机会，让我能与各位园长携手同行，带领大家实现共同目标。

本书是"广东省金仁萍名园长工作室"三年以来的成果与经验。主要分五个部分：①工作室文化——本部分主要论述工作室的基本概况及优秀的团队配置；②打造注重实效、优质共享的"三名"培训平台——本部分主要讲述了工作室的"三名"培训特色，即"挂钩名园，结对名师，聘请名家"的特色培训平台；③构建区域联动、资源共享的育人模式——本部分主要呈现"广东省金仁萍名园长工作室"在近三年进行的各项活动，包括揭牌联动、支教送教、入园诊断、网络研修等所呈现的育人模式；④探索有根有魂、有趣有乐的教育实践——本部分是工作室及学员近三年开展的课题研究情况、案例、课例等，我们可以看到，在各项学习活动中，园长们在成长、在思考、在改变；⑤培养仁爱之心、思学践行的优秀团队——本部分是工作室学员的心得与收获、地域文化案例课例、管理总结等。不难发现，工作室其实是一个学习共同体，每个人都在团体当中发挥着不可或缺的作用，工作室在主持人的示范引领下，不断实践、不断创新。

  三年来，凭借省名园长工作室的平台，我不仅培养了他人，更成就了自己。具体而言，就是通过省名园长工作室这一建设工程全面系统的学习探索，让我更深切地感悟基础教育的内涵，更有方向地提升自己的学识魅力与人格魅力，继而逐渐形成富有自身特点的管理风格，使自己真正成为不辱使命、敢于担当的省名园长主持人，为教育事业奉献知识、才华和爱心。

  为期三年的省名园长工作室虽然告一段落，但我们学习的脚步永不停歇。工作室自开展以来，我与各位学员们因缘相遇、因爱相知、因福相惜，我们不仅仅是教育道路上的战友，更是人生道路上的好姐妹，彼此扶持，相互帮助，共同为中山市乃至广东省的学前教育事业做出点滴贡献。

  在工作室三年的成长中，得到了北师大李敏谊教授、东北师大王小英教授、湖北省德育学会李情豪会长、广东省教育学会学前教育专业委员会副理事长李英博士、《广东教学报》郭强主编、中山市和大涌镇各级领导以及众多同行姊妹园的园长们一路以来的帮助与指导，是他们引领我们一路前行，让我们在专业上迅速成长。感谢省名园长工作室的成员们，谢谢你们背后的默默付出与支持，更要感谢中山市大涌镇中心幼儿园全体教职工，因为有你们，南粤幼教事业将越来越出色。

  本书是工作室三年历程的梳理与记录，仍存在许多有待完善之处，欢迎广大读者不吝指正。谢谢大家！

  谨以此书，献给最有爱的幼教同行们！

金仁萍

2021年4月30日

目 录
CONTENTS

序 言 ……………………………………………………………… 1

前 言 ……………………………………………………………… 1

第一章　工作室文化 ……………………………………………… 1

第一节　广东省金仁萍名园长工作室简介 ……………………… 3
第二节　广东省金仁萍名园长工作室主持人简介 ……………… 4
第三节　广东省金仁萍名园长工作室成员简介 ………………… 5
第四节　广东省金仁萍名园长工作室学员名单 ……………… 14
第五节　广东省金仁萍名园长工作室规章制度 ……………… 17

广东省金仁萍名园长工作室三年发展规划 ……………… 17

广东省金仁萍名园长工作室的职责和任务 ……………… 22

广东省金仁萍名园长工作室的考核与评价 ……………… 24

广东省金仁萍名园长工作室成员的职责和任务 ………… 24

广东省金仁萍名园长工作室组织架构 …………………… 25

广东省金仁萍名园长工作室章程 ………………………… 26

广东省金仁萍名园长工作室资料管理制度 ……………… 27

广东省金仁萍名园长工作室例会制度 …………………… 28

第二章　打造注重实效、优质共享的"三名"培训平台 ……… 29

第一节　培训中的"名园"文化 ……………………………… 31

省名园长工作室研修活动总结暨文化品读会 …………… 31

相约姑苏城　邂逅幼教梦 ………………………………… 34

走进新升幼，品幸福城堡下之"崇文尚美" …………… 36

春日正盎然　追梦在路上 ············· 39
　　缘续四月访苏州　携手研修共前行 ········· 43
　　谈古今之博论　受文化之熏陶 ··········· 45
　　巴渝风情浓　幼教情缘深 ············· 47
　　以梦为马不负韶华　砥砺前行筑梦远方 ······· 49
　　借藤开花，芬芳满园（一）············ 50
　　借藤开花，芬芳满园（二）············ 53
　　携手共进　砥砺前行 ··············· 58
　　幼儿园区域活动的组织与实施 ··········· 61

第二节　培训中的"名师"文化 ············· 64
　　"仁·润"教育，闪耀"武汉·东湖微论坛" ····· 64
　　交流与分享 ··················· 67
　　省名园长工作室成员会议 ············· 68
　　中山市园长工作室研讨活动 ············ 70
　　初冬旭日，绽放生命的精彩 ············ 74
　　专业引领　共同提升 ··············· 76
　　开拓创新促发展，锐意进取谱新篇 ········· 78
　　勤奋求学　熬墨蓄势 ··············· 81
　　培根铸魂　守正创新 ··············· 84
　　名师讲座　专业引领 ··············· 87
　　粤教育·粤精彩——唱响岭南教育流派 ······· 90
　　金仁萍园长应邀参加广东省学前教育专家指导委员会成立仪式暨
　　　学前教育研讨活动 ··············· 91
　　金仁萍园长应邀参加广东省学前教育师资培训中心专家指导委员会活动 ··· 92
　　聚焦内涵发展　凝聚向上力量 ··········· 94

第三节　培训中的"名家"文化 ············· 97
　　跨界——论古今谈幼教风云，穿越——百年园之传奇故事 ··· 97
　　双城之约　筑梦之旅 ··············· 99
　　广东省金仁萍名园长工作室第二期集中研修之旅（一）··· 101
　　广东省金仁萍名园长工作室第二期集中研修之旅（二）··· 103

共研促成长　交流谋发展 …………………………………………… 105
　　拓宽视野　创新发展 ………………………………………………… 108
　　专业引领　共谱新篇 ………………………………………………… 111
　　漫漫求索路　浓浓学术情 …………………………………………… 113
　　课题思旅　精准引智 ………………………………………………… 115
　　答疑解惑促成长　专精覃思谋发展 ………………………………… 117

第三章　构建区域联动、资源共享的培训模式 ……………… 121

第一节　工作室揭牌仪式及省市工作室联动 ……………………… 123
　　金仁萍园长参加广东省中小学名教师、名校（园）长工作室启动
　　　仪式暨主持人集中培训动员会 …………………………………… 123
　　金种子，喜见破土之日 ……………………………………………… 124
　　联动交流　凝聚智慧 ………………………………………………… 127
　　联动交流　智慧共享 ………………………………………………… 129
　　交流研修　共赢共进 ………………………………………………… 134
　　互访互学　共促发展 ………………………………………………… 136

第二节　工作室主持人下园诊断 …………………………………… 139
　　诊断方案 ……………………………………………………………… 139
　　下园诊断 ……………………………………………………………… 142

第三节　支教送教 …………………………………………………… 151
　　粤藏同心，林芝支教 ………………………………………………… 151
　　走进"三区"，东源支教 …………………………………………… 154
　　情系乡土，送教下乡 ………………………………………………… 156

第四节　网络研修 …………………………………………………… 171

第四章　探索有根有魂、有趣有乐的教育实践 ……………… 173

第一节　工作室课题开展情况 ……………………………………… 175
　　红木文化课题开题报告会暨科研课题研讨会 ……………………… 175
　　广东省金仁萍名园长工作室"本土文化"课题研讨会圆满召开 …… 178

第二节　学员子课题开展情况 ··· 185
工作室主持人所在幼儿园大涌镇中心幼儿园课题活动 ··· 185
入室学员所在幼儿园沙溪镇中心幼儿园课题活动 ··· 191
入室学员所在幼儿园小榄镇明德中心幼儿园课题活动 ··· 197
入室学员所在幼儿园坦洲镇中心幼儿园课题活动 ··· 204
入室学员所在幼儿园南朗镇中心幼儿园课题活动 ··· 210

第五章　培养仁爱之心、思学践行的优秀团队 ··· 215
第一节　学习心得与教育反思 ··· 217
入室学员沙溪镇中心幼儿园刘剑辉学习心得 ··· 217
入室学员沙溪镇中心幼儿园刘剑辉学习反思 ··· 218
入室学员小榄镇明德中心幼儿园陈湛学习心得 ··· 220
入室学员小榄镇明德中心幼儿园陈湛教育反思 ··· 221
入室学员坦洲镇中心幼儿园郝利君学习心得 ··· 222
入室学员坦洲镇中心幼儿园郝利君教育反思 ··· 224
入室学员南朗镇中心幼儿园张亚林学习心得 ··· 226
入室学员南朗镇中心幼儿园张亚林教育反思 ··· 227

第二节　地域文化活动课例或案例 ··· 229
入室学员沙溪镇中心幼儿园刘剑辉活动案例 ··· 229
入室学员小榄镇明德中心幼儿园陈湛活动案例 ··· 232
入室学员坦洲镇中心幼儿园郝利君活动案例 ··· 234
入室学员南朗镇中心幼儿园张亚林活动案例 ··· 236

第三节　管理总结 ··· 242
入室学员沙溪镇中心幼儿园刘剑辉管理总结 ··· 242
入室学员小榄镇明德中心幼儿园陈湛管理总结 ··· 244
入室学员坦洲镇中心幼儿园郝利君管理总结 ··· 248
入室学员南朗镇中心幼儿园张亚林管理总结 ··· 251

第一章

工作室文化

工作室的文化是指由价值观、信念、仪式、符号、处事方式等组成的工作室特有的文化形象，是工作室建设最为核心的内容，更是工作室建设的最高表达形式。工作室文化之魂，内化于心，外化于行。首先由工作室主持人带领先导小组创造工作室标识，凝练工作室文化，生成工作室理念，确定工作室发展方向，将实施阶段首要精神层面的理念识别通过制作标语、宣传板等，放置在工作室过道，悬挂在墙上各处，让文化精神在学员的内心生根；其次对工作室标识、条幅，印刷统一学员证、书籍，颁发证书等进行强化作用的视觉识别；最后通过工作室组织的大小研修活动、送教下乡活动、下园诊断活动、外出研修活动等，将工作室的精神文化内涵融入其中，实施行为识别，指导和督促学员的行为。

第一节　广东省金仁萍名园长工作室简介

广东省金仁萍名园长工作室于2018年4月授牌，11月正式启动，周期三年，是中山市第一家省名园长工作室，也是中山市目前唯一一家省名园长工作室。工作室有主持人1名、顾问专家1人、高校专家1人、技术专家1人、工作室助理2人、入室学员4人、网络学员55人、大涌镇镇内学员6人，覆盖中山21个镇区。

广东省金仁萍名园长工作室以提高"保教质量"为核心，以"仁爱·合作·创新·共享"的工作理念为主线，以"倾注园长成长，促进园所发展"为工作宗旨，以科研课题为切入口，以师带徒为主要培养形式，构建"专业引领、实践探索、共同发展"的学习共同体。

广东省金仁萍名园长工作室以优秀骨干教师、骨干园长为培养对象，共同开展幼儿园管理和教育教学研究，积极建设实体与网络相结合的新型工作室。在三年周期内，广东省金仁萍名园长工作室已达到"凝聚团队创品牌、示范引领促成长、共同发展显风采、凝练经验出成果、缔结联盟谋发展"的目标，充分发挥名园长工作室主持人的示范、引领和辐射作用，有效提升团队学员的办学能力，真正成了研究的平台、成长的阶梯、辐射的中心、名园长的摇篮。

第二节 广东省金仁萍名园长工作室主持人简介

金仁萍

广东省金仁萍名园长工作室主持人

　　正高级教师、广东省特级教师。广东省名园长工作室主持人、广东省学前教育师资培训中心专家指导委员会专家委员、首届广东省学前教育专家指导委员会委员、南粤专家型校（园）长并入选广东教育学会南粤专家型校（园）长资源库、广东省一级幼儿园等级评估专家、广东省一级幼儿园园长、中山市幼儿园教师高级职称专家评委、南粤优秀教育工作者、中山市第三届政协委员、中山市优秀共产党员、中山市先进幼教工作者、中山市优秀教师。曾参加粤藏同心支教活动，赴河源参加三区教育帮扶活动。

第三节 广东省金仁萍名园长工作室成员简介

李敏谊

广东省金仁萍名园长工作室顾问专家

　　北京师范大学教育学部学前教育研究所副教授。1996年就读于华南师范大学教育科学学院，2000年获教育学学士学位，分别于2003年和2006年获得教育学硕士和教育学博士学位。主要研究领域为学前儿童语言发展与教育、幼儿园课程开发与教师专业发展、比较学前教育、学前教育改革与国家反贫困战略等。

周立胜
广东省金仁萍名园长工作室高校专家

哲学硕士,政治学高级讲师。中共中山市委党校(教师进修学院)教育行政管理教研室主任,主要负责校长培训工作。他对教育充满着高度的热情,敬岗爱业、务实创新,努力为中山市的教师教育发展作贡献,对教师的职业道德修养在理论层面和实践层面均有独特的见解。

陈思慧

广东省金仁萍名园长工作室技术专家

  2013年毕业于东北师范大学学前教育学专业，获教育学硕士学位。中山市教育教学研究室学前教育教研员、中山市教育学会学前教育专业委员会会长、广东省学前教育专业委员会理事。擅长学前儿童心理发展与教育、学前教育质量评价、以游戏为中心的幼儿园课程实践等方面的指导与培训工作。

闫 帅
广东省金仁萍名园长工作室助理

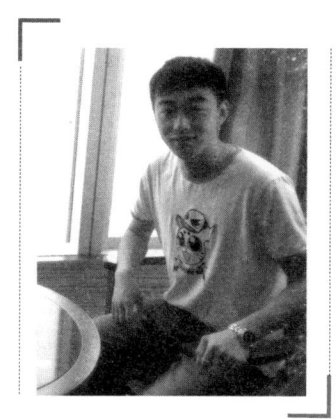

哈尔滨师范大学毕业,大学本科学历,教育学学士学位。现任大涌镇中心幼儿园副园长。中山市优秀教师、大涌镇师德先进个人、湛江幼儿师范专科学校优秀学员。多次参与幼儿园申报的省级、市级立项课题研究,均顺利结题。擅长计算机网络建设,对幼儿健康领域课程具有较强的指导能力。

邹飞珍
广东省金仁萍名园长工作室助理

本科学历，现任大涌镇中心幼儿园副园长，兼大涌镇教研组组长。从教19年，先后撰写的近10篇教育教学论文获省级、市级、镇级奖励。曾多次被评为大涌镇师德先进个人、优秀教师。指导教师参加的市级课例、玩教具比赛均获得较好成绩。多次参与幼儿园申报的省级、市级立项课题研究，均顺利结题，并获得省、市奖项。

刘剑辉
广东省金仁萍名园长工作室入室学员

幼儿园高级教师。自1992年起从事幼儿教育工作,兢兢业业,任劳任怨,先后荣获"中山市优秀教师""中山市优秀教育工作者""广东省优秀园长"等称号,多篇论文在省、市获奖。树立"特色立园"理念,共主持一个省级立项课题、三个市级立项课题以及两个镇级立项课题,均顺利结题,并获得省、市奖项。

陈 湛
广东省金仁萍名园长工作室入室学员

　　中山市小榄镇明德中心幼儿园副园长，华中师范大学教育硕士，幼儿园高级教师，兼任小榄镇家庭教育讲师团讲师、幼教中心组组员。工作期间，曾获"南粤优秀教师""中山市优秀共产党员""中山市优秀教师""小榄镇优秀行政干部""小榄镇优秀教师""小榄镇教学能手"等称号。十多篇论文获得省、市级奖励。

郝利君

广东省金仁萍名园长工作室入室学员

　　华南师范大学学前教育本科,幼儿园高级教师,MMCI课程培训师。1996年参加工作,2015年8月至今任坦洲镇中心幼儿园园长。工作期间曾多次获"中山市优秀幼儿园教师"称号,论文获"中山市幼儿教师论文一等奖",指导教师参加课例比赛获中山市二等奖,指导教师参加教案设计获中山市一等奖。

张亚林
广东省金仁萍名园长工作室入室学员

现任中山市南朗镇中心幼儿园业务园长兼镇幼教中心教研组长，幼儿园高级教师、广东省教育协会会员、中山市家庭指导师协会会员、广东省第二批骨干教师、中山市第三批骨干教师、中山市学前教育学科中心教研组成员。从教二十余年间先后获得"市师德标兵""市优秀教师""市优秀教育工作者"等荣誉。

第四节　广东省金仁萍名园长工作室学员名单

金仁萍名园长工作室网络学员名单（排名不分前后）

编号	姓名	单位名称	职务
1	廖雪媚	西区后山幼儿园	级组长
2	张晓霞	市西区长洲艺术幼儿园	级组长
3	方泽兰	西区中心幼儿园	园长助理
4	李莉华	小榄镇第三幼儿园	园长
5	冯丽霞	中山市菊城幼儿园	级组长
6	冯雄建	小榄镇明德中心幼儿园	级组长
7	袁萍	厚兴黎桂添幼儿园	业务园长
8	彭新	中山市石岐区中心幼儿园	副园长
9	李美绮	三乡镇皇冠花园幼儿园	级组长
10	钟晓恩	中山市三乡镇新圩幼儿园	教师
11	曹舒琴	东凤同德幼儿园	级组长
12	何英	东凤同德幼儿园	园长
13	陈艳红	东凤德善幼儿园	园长
14	陈俏妃	东凤中大外语幼儿园	教师
15	钟笑娟	东升小星星幼儿园	业务园长
16	卢晓波	东升高沙幼儿园	副园长
17	刘小琴	东升丽景幼儿园	园长
18	凌春霞	南头镇中心幼儿园	教师
19	周敏玲	南头镇中心幼儿园	级组长
20	梁绮婷	坦洲镇中心幼儿园	教师

续表

编号	姓名	单位名称	职务
21	周少霞	坦洲镇裕洲幼儿园	园长
22	张 雁	民众博朗幼儿园	园长
23	苏 玲	中山市民众镇金太阳幼儿园	业务园长
24	沈小丽	港口镇中心幼儿园	级组长
25	匡阳春	港口镇中心幼儿园	级组长
26	杨 茵	港口镇中心幼儿园	级组长
27	邹秘娜	南朗镇中心幼儿园	副园长
28	欧阳燕明	南朗镇横门幼儿园	园长
29	林庆瑜	南区沙涌幼儿园	教师
30	魏昭君	中山市精彩童年幼儿园	业务园长
31	关艳霞	南区竹秀园幼儿园	教师
32	林雪霞	中山市精彩童年幼儿园	级组长
33	李海英	中山市沙溪镇云汉幼儿园	教师
34	刘美珊	中山市沙溪镇中心幼儿园	教师
35	孙丽霞	中山市横栏胜球阳光幼儿园	园长
36	黄玉莲	中山市横栏镇五沙幼儿园	副园长
37	段小容	板芙镇中心幼儿园	副园长
38	叶惠梅	板芙镇中心幼儿园	副园长
39	宋 静	板芙镇中心幼儿园	级组长
40	卢少玲	中山市板芙华逸幼儿园	副园长
41	林义香	中山市五桂山中心幼儿园	教师
42	黄海英	中山市神湾镇海景街苏家荣中心幼儿园	园长
43	陈晓波	岚田幼儿园	副园长
44	邹秋红	大涌镇中心幼儿园	教师
45	梁艳芳	大涌镇中心幼儿园	副园长
46	伍泳娟	中山市大涌镇南村幼儿园	园长
47	李婉媚	岚田幼儿园	教师
48	丘苑玲	中山市火炬开发区张家边幼儿园	业务园长
49	房翠源	中山火炬开发区第一幼儿园	教师

续 表

编号	姓名	单位名称	职务
50	王 萍	中山火炬开发区第一幼儿园	园长
51	蔡伟萍	古镇灯都华廷小海豚幼儿园	园长
52	马莉红	中山市机关第三幼儿园	保教主任
53	苏淑颜	中山市古镇镇古一幼儿园	级组长
54	罗丽芳	港口星港湾幼儿园	园长
55	赵 燕	开发区第一幼儿园	副园长

广东省金仁萍名园长工作室镇内学员名单

编号	姓名	单位名称	职务
1	萧倩游	大涌幼儿园	园长
2	刘付珩	安堂幼儿园	园长
3	陈晓波	岚田幼儿园	副园长
4	李婉媚	岚田幼儿园	园长助理
5	伍泳娟	青岗幼儿园	园长
6	伍杏梨	青岗幼儿园	园长

第五节 广东省金仁萍名园长工作室规章制度

广东省金仁萍名园长工作室三年发展规划

根据《广东省教育厅、广东省财政厅关于中小学名教师、名校（园）长工作室的管理办法》和《广东省中小学名教师、名校（园）长工作室工作指南》等文件精神，结合实际，特制订广东省金仁萍名园长工作室2018—2020年周期工作计划。

一、指导思想

以《国家中长期教育改革和发展规划纲要（2010—2020年）》和《3~6岁儿童学习与发展指南》为指导，以提高"保教质量"为核心，以凸显"园所特色"为目标，以工作室工作理念为主线，以科研课题为切入口，以师带徒为主要培养形式，构建"专业引领、实践探索、共同发展"的学习共同体，充分发挥名园长工作室主持人的示范、引领和辐射作用，努力提升团队学员的办学能力，使名园长工作室成为培养、成就名园长的摇篮。

二、工作理念

仁爱·合作·创新·共享

三、工作室宗旨

倾注园长成长，促进园所发展。

四、工作目标

1. 凝聚团队创品牌

工作室主持人和培养对象携手打造自主学习、共同研讨、相互促进、共同发展、以解决问题为导向的研究型工作室，形成严谨、务实、钻研、创新的工作作风，以真抓实干、务实高效、追求卓越、精益求精，铸就金仁萍名园长工作室品牌。

2. 示范引领促成长

依托工作室这一平台，以专业引领幼儿园的发展，开展研修、培养活动，着力提升工作室培养对象所在园的保教质量，提高其在当地的影响力和知名度，让其成为优质特色示范园、在当地充分发挥学前领跑者的作用，促进当地园所走专业发展道路。

3. 个人发展显风采

以深入推进幼儿园课程建构为抓手，提升园长课程领导力，力争工作室培养对象在园所管理、文化建设、队伍建设、家长工作等各方面有更为深入的认识、理解，通过学习开阔眼界、提升境界，并掌握更多提升幼儿园实际工作成效的有效措施，从而真正推动课程深入发展，走内涵发展道路，创新园所品牌，提高园所竞争力。

4. 凝练经验出成果

工作室将以课题为导向，在实践中总结幼儿园管理和教育教学经验，探寻幼儿教育教研教改的新思路、新方法，汇集教育成果，探索建立工作室线上与线下协同研修的运作新模式，凝练一套发现、培养学前教育后备领军人才及优秀管理干部的新机制。

5. 缔结联盟谋发展

为了进一步提高幼儿园园长专业水平，促进全市幼儿园内涵发展，提升幼儿园办园品质，由广东省金仁萍名园长工作室牵头，成立中山市的省市园长工作室发展联盟，搭建相互交流的平台，增进园所间的横向交流与沟通，创建更多优质的品牌幼儿园，共同谋划中山学前教育发展新格局。

五、工作室阶段发展目标

第一阶段（2018年4月—2018年12月）

本年度是金仁萍名园长工作室工作起步阶段，需完成工作室基础建设、建章立制和本年度工作任务。

（1）落实工作室场地、人员组成与职责分工。

（2）制作工作室周期工作总计划与年度工作计划，构建工作室理念。

（3）建立网上工作室，招募网络学员，组建QQ群、微信群，上报培养对象及网络学员，完成工作室全体人员的网上注册与入室申请，完成本年度网上协同研修任务。

（4）学员入室，开展培养培训，帮助学员制订有针对性的培养方案，指导工作室培养对象制订个人职业发展规划方案（周期、年度），并确定课题研究方向。

（5）通过听课磨课、跟岗实践、交流研讨、课题指导等方式组织培养对象集中研修不少于15天，集体网络研修活动不少于5次，完成名园长工作室网络空间生成性学校管理资源的发布不少于100条，完成不少于10个学校管理案例资源。

（6）确定帮扶的薄弱学校，主持人和培养对象每人与2名乡村幼儿园园长结成互助帮扶对子，本年度组织开展1次送教下乡或下基层活动。

（7）凝练经验（发表论文或出版著作；召开研讨、座谈会分享交流经验；通过新闻媒体、学术刊物展示成果）。

第二阶段（2019年1月—2019年12月）

本年度是金仁萍名园长工作室工作夯实发展阶段，需逐步完善工作室建设、凝练工作室理念、形成工作室品牌，开展培养培训、深化课题研究以及完成本年度工作任务。

（1）通过工作室省内外互访、案例分享与分析等形式，加强主持人之间的相互学习交流，促进对自身工作室建设与管理理念的反思，完善工作室制度建设。

（2）在幼儿园管理实践中不断凝练工作室理念，形成品牌建设思路与策略，初步形成工作室品牌。

（3）根据实际情况优化培养方案，明确本年度及培养周期的发展目标、途径；开展多种形式的集中研修，时间不少于15天，可分段多次开展，其中需要有一次以上的外出学习研修；集体网络研修活动不少于5次；完成名园长工作室网络空间生成性学校管理资源的发布不少于100条；完成不少于10个学校管理案例资源；培养对象汇报学校管理改革情况不少于1次。

（4）通过网上工作室开展线上教研、微课堂和直播等活动，完成本年度网上协同研修任务。

（5）通过课题研讨、专家指导、同行互评等方式，针对工作室在第一年度确立的课题研究方向，进一步明确研究问题，深化研究层次。

（6）确定送教主题，本年度组织开展1次送教下乡或下基层活动。

（7）凝练及推广成果（总结、进行课题研究成果汇报；发表论文或出版著作；召开研讨、座谈会分享交流经验；通过新闻媒体、学术刊物展示成果）。

（8）接受对口管理的发展中心与市县教育部门的中期检查。

第三阶段（2020年1月—2020年12月）

本年度是金仁萍名园长工作室深化建设、总结宣传阶段，应进一步加强工作室建设、总结工作室理念、宣传工作室品牌、扩大金仁萍名园长工作室影响力以及完成本年度工作任务。

（1）通过工作室研讨、总结，案例分享与分析等形式，促进对自身工作室建设与管理理念的反思，深化工作室制度建设，明确工作室理念，形成工作室独特品牌。

（2）根据培养方案验收本年度及培养周期的发展目标、途径。

（3）通过网上工作室开展线上教研、微课堂和直播等活动，完成本年度网上协同研修任务。

（4）推广成果。

（5）根据工作室成果及课题研究实践不断总结经验，为教育部门提供有关学前教育未来发展的意见或建议。

（6）完成入室学员结业考核并接受工作室周期考核。

六、具体措施

1. 组建团队，确定对象

采取工作室主持人与培养对象双向选择的方式，工作室主持人面向本市及对口帮扶城市吸收5名具有突出管理能力和教学领导力的园长加入工作室团队，形成一个有结构、有层次的管理者研讨团队。（建议工作室培养对象面向所在幼儿园吸纳1名助手，组成园内研习小组）

2. 因地制宜、特色发展

工作室成员与培养对象充分讨论工作室三年发展规划，统一思想，并结合工作室三年发展规划制订每名培养对象的个人成长计划，确定课题研究的内容，制订相应的课题研究计划，明确个人发展目标。

3. 课题引领、践行提升

工作室以"幼儿园地域文化'仁·润'教育模式的探寻与实践"为研究方向，每位培养对象根据自身所在幼儿园的实际情况及自身的经验确定子课题，制订课题研究方案并开展研究，记录课题研究过程，收集课题研究资料，在实践过程中进一步提升理论与实践结合的能力。

4. 利用平台分享资讯

依托广东省教育资源公共服务平台和广东省金仁萍名园长工作室微信公众号，建立广东省金仁萍名园长工作室网上工作室，积极推广先进的教育教学资讯、分享工作室研究的优秀案例及成长经历，实现与省内外同行的互动交流，力争工作室的研究过程能给同行以借鉴。

5. 多种途径促进成长

根据工作室人员类型，以分类与融合有机相结合的方式，开展研修、培养活动。针对培养对象，在充分了解其自身和所在园所情况的基础上，依据工作室研究方向，指导其找到并彰显优势，在园所管理经验上有较大提升；针对网络学员，充分利用平台，分享丰富的、原创的办园文章，并通过直播、微课、平台互动等方式，让其了解优质办园的各项工作，促进其成长。

6. 缔结联盟，谋求发展

由广东省金仁萍名园长工作室牵头，整合中山市园长工作室的现有资源，成立中山市的省市园长工作室发展联盟，迈进整体联动、有序推进、健康发展的新阶段。以"中山市学前教育发展论坛"活动为载体，借助工作室平台，学习交流、相互切磋、启发思想、开阔眼界，以联盟的力量引领区域教育优质发展。

广东省金仁萍名园长工作室室徽

广东省金仁萍名园长工作室的职责和任务

一、领航中青年骨干园长成长

（1）以工作室主持人为责任人，与入室成员共同制订培养对象、培养方案，指导培养对象制订职业发展规划、发展目标、途径，规定双方职责及义务等。

（2）帮助培养对象剖析园所发展存在的主要问题，传授教育教学管理经验，指导开展课题研究。通过下园诊断、讲学、论坛、网络交流等方式，促进培养对象成长。

（3）承担培训授课、送教下乡、教育教学改革和"传帮带"等相关任务。

二、发挥示范引领作用

（1）工作室每年通过跟岗实践、交流研讨、课题指导、学校管理诊断等方式组织骨干园长集中研修不少于15天。

（2）培养对象每学期撰写1篇教育管理反思或案例分析，每年汇报学校管理改革情况不少于1次。

（3）工作室主持人和培养对象每人至少与2名乡村中小学园长结成互助帮扶对子，工作室每年至少组织工作室成员开展1次支教活动或1次园所问题诊断活动。

（4）建立网上工作室，开展网上协同研修。每年开展集体网络研修活动不少于5次。每年通过名园长工作室网络空间发布生成性学校管理资源（包括课件、案例、教育反思、管理总结、学习心得、管理改革探讨等文字或图形资源）数量不少于100条，每年完成不少于10个学校管理案例资源。

（5）每年适当承担园长省级培训高端研修项目跟岗学习任务。

（6）加强名园长工作室之间的交流协作。

三、开展课题研究

（1）结合教育改革与发展重点任务和实际，围绕立德树人、教育教学改革、学校管理创新和教师专业发展等问题开展研究活动。

（2）在培养周期内，工作室积极指导培养对象开展教育管理研究并取得明显成效，工作室围绕凝练办学思想和办学特色开展县级以上教学研究课题3项，并形成3项以上富有特色的研究成果（含正式刊物公开发表的论文、教育教学成果奖励和公开出版著作等）。

四、为教育发展建言献策

工作室成员要不断学习教育理论和专业知识，提高自身境界和修养。在工作过程中要拓宽视野，不断总结经验，为教育行政部门提供合理建议或提交具有前瞻性和建设性的政策调研报告。

广东省金仁萍名园长工作室的考核与评价

（1）名园长工作室实行任期制，每周期时间为3年。

（2）考核的内容：凝练教育教学思想，办学特色等情况；工作室研修活动计划和完成情况；工作室建设工作情况，包括线上和线下的基础设施建设、管理制度、资金使用管理机制等方面的情况；工作室团队指导研修的情况和成效；教学科研成果和培养对象成长情况；发挥示范和辐射作用的情况等。

（3）考核的方式：提交自评报告和相关佐证材料；查看原始材料；工作室汇报；学员评价；当地教育行政部门汇报；现场考察工作室等。

（4）每年培训研修结束，工作室所辖地的市、区教育行政部门对工作室进行年度考核总结，考核结果报省教育厅备案；周期结束后，省教育行政部门牵头组织对名园长工作室进行期终考核。周期考核的结果分为优秀、合格和不合格三个等级，其中考核为优秀的比例不超过30%。

广东省金仁萍名园长工作室成员的职责和任务

工作室主持人（金仁萍）：工作室主持人全面负责工作室建设、管理和组织实施等工作。

高校专家（周立胜）：高校专家参与制订工作室工作计划和培养方案，指导开展教育教学研究和科学研究，举办学科发展讲座等工作。

技术专家（陈思慧）：技术专家负责指导工作室开展网络研修活动，做好技术支持和维护等工作。

工作室助理（闫帅、邹飞珍）：工作室助理协助做好工作室日常管理、线上和线下的研修活动和有关材料整理归档等工作。

工作室学员（刘剑辉、陈湛、郝利君、张亚林）：参加工作室集体研修，接受工作室培养和培训，制订个人发展规划方案；积极到主持人所在单位跟岗学习，体验主持人的教育教学思想及管理智慧；深化教育教学、提升专业发展、开展课题研究，全面提升业务能力；配合工作室发展，开展送教下乡（基层）活动；不断学习教育理论和专业知识，提高自身境界和修养，在工作过程中要拓宽视野，不断总结经验，为教育行政部门提供合理建议或提交具有前瞻性和针对性的教育教学改革调研报告。

广东省金仁萍名园长工作室组织架构

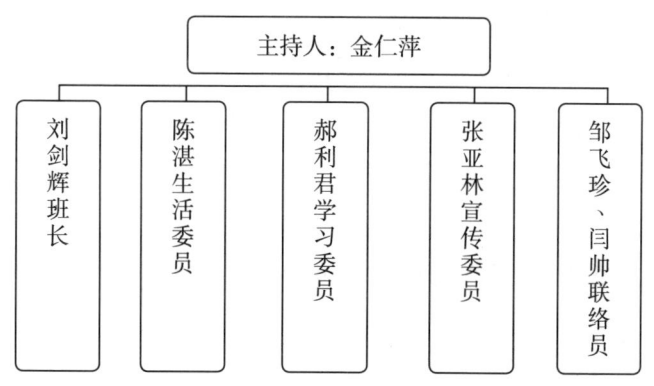

广东省金仁萍名园长工作室组织架构图

组织机构分工说明

人员	职责
主持人	建立工作室计划与制度，负责工作室资金使用和管理，承担培养培训实践指导，负责学员考核工作
班长	协助主持人完成工作室计划，总结每次活动的开展

续表

人员	职责
宣传委员	负责每次活动的摄影，整理图片和文字，在平台或网站上宣传。维护微信群的正常运作
学习委员	收集每次学习的资料，提供前沿的学习信息，按计划跟进学员的学习任务，做到人人按时完成作业
生活委员	负责每次活动的吃住安排
联络员	负责每次活动的联络，每次微信会议提前通知到每个学员，负责考勤工作，协助主持人外联专家

广东省金仁萍名园长工作室章程

第一条　为保证金仁萍名园长工作室工作顺利开展，确保工作的质量和效果，经工作室学员协商，制定本章程。

第二条　金仁萍名园长工作室是由4所幼儿园园长组成的研修学习共同体。工作室由广东省教育厅领导。工作室设主持人1名，由金仁萍担任；设高校专家1名，由周立胜担任；设技术专家一名，由陈思慧担任；设助理2名，由闫帅、邹飞珍担任。

第三条　工作室的目标：在三年的周期内，以优秀骨干园长为培养对象，以师带徒为主要培养形式，共同开展幼儿园管理和教育教学的研究，积极建设实体与网络相结合的新型工作室，达到"凝聚团队创品牌、示范引领促成长、共同发展显风采、凝练经验出成果、缔结联盟谋发展"的目标，努力使工作室真正成为研究的平台、成长的阶梯、辐射的中心。

第四条　工作室要围绕课程设计、课题研究、文化传承、家园共育、教师发展、园长提高等，制订工作计划，深入实践研究，发现、研究和解决幼儿园及个人发展的问题，促进幼儿园不断发展，实现自身素质的不断提高。

第五条　工作室学员要基于幼儿园和自身实际进行针对性研究，采用问题研究、案例课例研究等方法,加强对所在幼儿园的诊断和剖析,分享研究成果,并及时转化为教育教学的实践行为,促使学校提升。依靠工作室团队力量,走协同攻坚、探索创新之路,实现自身成长和幼儿园的科学发展。

第六条 工作室倡导自主互动、协作共享、追求卓越的组织文化。工作室学员要在实践中研究、在研究中学习、在协作中共享,兼容并蓄,勇于超越;要讲求科研道德,避免功利主义倾向。

第七条 工作室主持人负责制订年度活动计划,明确任务目标和学员分工,组织研修活动,带动、督促学员按时完成任务。工作室助理负责代表工作室学员与指导专家沟通;技术专家负责名园长工作室网页管理和信息公告发布等任务。主持人所在园所设立办公室,具体负责相关工作。

第八条 工作室学员园所设办公室,有2名人员,其中秘书1名、工作人员1名,职责是联络会议、组织活动、编发简报、上传协作组活动资料及做好有关工作落实。办公室人员要相对固定。

第九条 工作室每年召开两次会议。每次会议各学员都要带着新思想、新成果、新经验、新问题进行交流分享。办公室负责编发会议简报,相关内容上传至网站专栏。

第十条 工作室主持人要积极展示自己所在幼儿园的探索和研究成果。工作室主持人参加会议,在交流分享幼儿园的探索经验及成果方面,与学员有相同的义务。

第十一条 运行机制:会议由主持人召集,工作室负责组织。会议日程由工作室学员协商。

广东省金仁萍名园长工作室资料管理制度

(1)工作室为学员建立培养档案,加强对培养对象的过程性评价,指导开展自我评估。在实施园长专业引领的同时,需注重培养学员理性思考能力,帮助学员及时总结提炼、及时形成现代管理方面的研究成果。

（2）工作室成员对计划、总结、听评课记录等材料及时归纳整理存档，为个人成长和工作室的发展提供依据。

广东省金仁萍名园长工作室例会制度

（1）工作室每学期召开一次计划会，讨论本学期计划，确定成员阶段工作目标、工作室教育科研课题及专题讲座内容。

（2）每学期期末召开一次总结会，总结经验成果，梳理存在的问题，研究解决的办法，并对工作室成员进行考核。

第二章

打造注重实效、优质共享的"三名"培训平台

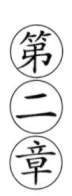

工作室以"三名"培训为主要培养形式，"挂钩名园，结对名师，聘请专家"，与省一级幼儿园挂钩，与省市名园长工作室主持人结对，聘请高校专家，引领学员专业化成长，给学员提供分享交流经验的平台。理论联系实际，不断创新发展，让学员在原有的知识体系基础上，学习新知识、树立先进理念、提高专业理论知识和自身业务能力。

第一节　培训中的"名园"文化

广东省金仁萍名园长工作室组织名园互访活动,将省内外的名园设为工作室研修地点,通过名园实地考察、亲身体验等,来学习他们的优秀理念做法,对学员进行培养培训,达到与省内外名园合作挂钩的目的。

广东省金仁萍名园长工作室借助研修平台,挂钩名园,带领学员赴苏州、重庆等地观摩优秀课例,参观户外环境,进一步提高工作室学员专业水平,促进幼儿园内涵发展,提升幼儿园办园品质。同时以大涌镇中心幼儿园为引领,多次开展集中研修活动、大涌镇镇内教研活动、"家乡情中国心"文化品读会活动等,以点带面,资源共享,全方面促进当地学前教育的持续发展。

省名园长工作室研修活动总结暨文化品读会

——广东省金仁萍名园长工作室2018年第一期集中研修系列活动一

一、研修活动总结

转眼间,研修活动结束了,虽然只有短短数日,但是我们接触了不同领域的教授与实践讲师,经历了工作室启动仪式、名园长经验分享、工作室成员见面会、工作室第一次成员会议、研修活动录播、制订学员个人发展规划,参加了课题开题报告会、主题讲座培训等多项活动。我们以工作室为依托发挥长处，团结和激励更多教师投身于学前教育研究中，把教科研能力提高到一个新的水平，推动教学改革向深层次发展。

二、区域文化品读会

为了弘扬家乡美，传承历史文化，广东省金仁萍名园长工作室组织成员在幼儿园大厅进行了"家乡情·中国心"区域文化品读会。五十多名学员，以镇为单位分小组展示当地文化。有展示旗袍文化的，有展示鼓文化的，有展示渔民生活文化的，有展示饮食文化的，可谓五彩纷呈。

学员们展示文化的形式也丰富多样。有唱歌的，有跳特色舞蹈的，有秀服饰的，有朗诵诗歌的。这些节目是学员们仅仅花了几十分钟，现场编排出来的。这是很独特的学习，是对课题研究所涉及的区域文化的一种独具匠心的表现，也能给学员们开发园本游戏课程带来深刻的启迪。

大涌镇中心幼儿园用舞蹈展示隆都文化

三、主持人赠书

领导和专家从学员中抽出今天的二十位幸运者，金仁萍园长为我们的幸运学员赠书。

金仁萍园长为幸运学员赠书

四、超越梦想——诗朗诵《中国心》

全体朗诵《中国心》把活动推向高潮

名师工作室首先应该是一个至真至情的生活型群体，然后才是一个共同学习的群体。名师工作室的学习也应该别有一番风情，不能过于老套、过于单调、过于乏味，园长的学习也可以生活化一点。

相约姑苏城　邂逅幼教梦

——2019年广东省中小学幼儿园名教师名校（园）长管理专家
工作室主持人团队专项研修活动第一天活动侧记

《江苏研修有感》

闫　帅

江南烟雨四月天，春色胜却画中仙，
筑梦研修展宏志，心怀幼教情意绵。

2019年2月21—26日，广东省中小学幼儿园名教师名校（园）长管理专家工作室主持人团队专项研修活动在苏州市如期举行。来自中山、江门、阳江、肇庆、云浮共61个中小学幼儿园名教师名校（园）长工作室，分成了高中学段、初中学段、小学学段、幼儿园学段参加此次培训活动。

作为中山学前教育的代表，广东省金仁萍名园长工作室主持人、中山市大涌镇中心幼儿园金仁萍园长，与广东省金仁萍名园长工作室助手、中山市大涌镇中心幼儿园闫帅副园长参加了本次培训活动。

4月22日上午，研修活动第一站在苏州市教师发展中心隆重举行。走进苏州市教师发展中心，迎面而来的白墙青瓦给人一种心旷神怡的感觉，仿佛走入了苏州的园林。

参训学员首先参观了苏州线上教育中心，了解到苏州线上教育中心利用"网络+大数据"建成高度信息化、智能化、个性化的网络学习平台，塑造了"全名师、全过程、全免费"的核心理念，旨在通过网络拉近教师与学生、教师与家长的距离，通过数据分析达到精准教学。

工作室成员与其他参训学员合照

随后,来自苏州市教师发展中心的唐爱民主任带来的讲座《苏州市教师(校长)专业发展培训的理念与实践》,系统地为我们讲述了苏州市各阶段的教师发展现状及培养培训方法,介绍了苏州市教师发展中心在教师培训中的作用,通过有层次性的讲解,为我们完整呈现了苏州市名师的成长之路。让我们在工作室的建设中反思自己的教育理念,反思如何更高效、更系统地起到示范辐射引领的作用,并在学以致用的过程中深入领悟其中的精髓。

研修学员上台与唐爱民主任合影留念

4月22日下午,参训学员在苏州市教师发展中心四楼报告厅参加了江苏省人民教育家培养对象教育思想报告会,苏州市沧浪实验小学叶莲芳老师为我们带来了《真实的语言课堂》思想汇报。叶老师是江苏省第三批江苏省人民教育家培养对象,她通过系统的、专业的培训,总结了一套属于自己的教学方法,并将多年积累的教学经验分享给参会学员。叶莲芳老师认为语言课堂要富有真实性,要将更真实的情景展现给学生。

最后,江苏省教育教学研究院马维娜教授与王卫平教授进行了点评,两位教授提出:在进行教师培养过程中要经过实践的积累,培养出研究型的教师。

第一天的培训,通过专题讲座,从理论层面提升了参训学员们在工作室的组织管理、培养方式、建设思路等方面的能力,为高效完成第二年度的工作目标带来新的动力,让名园长工作室绽放出更加耀眼的光彩!

走进新升幼,品幸福城堡下之"崇文尚美"

2019年4月23日,春风撩人,春景润人!广东省金仁萍名园长工作室主持人金仁萍园长携工作室助手闫帅副园长参加广东省中小学幼儿园名教师、名校(园)长管理专家工作室主持人省级培训专项研修活动,同其他省名园长工作室共同走进了苏州市高新区新升幼儿园,继续苏州第二天的学习研修之旅。

省名园长工作室成员合影

走进幼儿园,首先映入眼帘的是正在进行自主式户外体锻的孩子们!瞧,孩子们玩得不亦乐乎!

苏州市高新区新升幼儿园园长助理季峰岚老师,早早地就等待着我们的到来,紧接着引领我们一行人参观幼儿园内部环境。

郁郁葱葱的校园环境

参观完校园环境,我们欣赏了幼儿园两位年轻教师为大家带来的教学展示课。

一、母鸡萝丝去散步

王老师教态自然,课堂组织能力高,注重引导孩子,在课堂上充分调动了孩子们参与的积极性和主动性,丰富了孩子们的想象力,提高了孩子们的观察能力和表达能力,这是一次精彩的语言活动。

二、合作玩滑板

曹老师通过引导孩子们掌握玩滑板的基本技巧，鼓励孩子们相互合作，很好地调动了孩子们的能动性，同时也提高了他们动作的灵活性和协调性。

教学展示课完成后，我们一行人共同观摩了班级的区域游戏创设。

三、观摩区域游戏创设

区域游戏

丰富多彩的区域游戏，孩子们都尽情地玩耍，童真童趣的一面展现得淋漓尽致。

中午简单的休息过后，我们马上又进行故事讲座分享以及主旨报告分享。

故事：与菜园和树屋的美好邂逅

分享：主旨报告之"崇文尚美"

不管是故事分享还是主旨报告分享，都让我们感受到园内教师、幼儿以及家长们对幼儿园的热爱，正是大家的努力赋予了这所幼儿园更多的生命力和创造力！

新升幼儿园用其独特的校园文化底蕴，让我们记住了这一所"崇文尚美"的幸福城堡。期待我们的下一次相遇！

省名园长工作室成员大合影

春日正盎然　追梦在路上

四月芳菲艳，研修正当时。2019年4月24日，广东省金仁萍名园长工作室主持人金仁萍园长携工作室助手闫帅副园长参加广东省中小学幼儿园名教师、名校（园）长管理专家工作室主持人省级培训专项研修活动，同其他省名园长工作室共同走进了苏州市高新区成大实验幼儿园,开启了本次活动的第三站研修之旅。

省名园长工作室成员大合影

一、成大印象

苏州高新区成大实验幼儿园创建于1959年,是一所具有悠久历史的公办幼儿园。园长助理李艳红老师带领我们参观了园所及班级环境,室内外生动有趣、丰富多元、互动开放、色彩绚丽的环境深深吸引住我们的眼球。趣味生活馆、快乐涂鸦室、动感音乐站、创意木工坊、巧手探索区、畅想绘本屋等专用活动室、亲子游戏中心、水彩玻璃墙、变废为宝柜、沙土堆砌池、户外阳光区、种植护绿场、七彩攀岩、运动钻笼、富有特色的"轮流式室场活动"……这里无疑是孩子们生活和学习的乐园!

二、观摩教育活动

刘飞菲老师展示了大班语言活动"巨人和春天",教师教态亲切自然。通过有趣的故事绘本,幼儿在观察、讲述、思考的过程中大胆表述自己的想法并进行故事创编,让我们感受到成大孩子们的大方、大气、大爱、大成。

观摩大班语言教育活动

三、讲座分享及交流研讨

园长助理李艳红老师通过讲座《有恒+无痕　我们且思且行》分享了幼儿园园本文化、教育科研、课程特色以及如何坚持"成长，从心开始"的办学理念，如何合理开发幼儿园资源、挖掘室内外空间潜力，如何变废为宝、充分发挥和利用家长资源，从而形成多个室内外结合、自制和购置结合、大型和小型结合的活动园所环境。讲座结束后，大家还进行了交流研讨，畅所欲言。园长们表示要把优秀的环境创设和设计理念带回各自幼儿园中去。

四、观摩户外游戏活动

我们观摩了户外游戏活动、轮流式室场活动。"对孩子来说，游戏就是工作，工作就是游戏。"丰富开放的室内外环境给予孩子更多自主游戏的机会，让孩子更自信，使孩子们能自由自在地在阳光下奔跑，健康、快乐地成长！

五、聆听思想报告会

下午聆听了江苏省人民教育家培养对象、东中市实验小学侍作兵校长作思想报告，分享《走向理解——基于理解教育哲学的实践表达》。侍校长基于理解教育哲学的实践表达层面，结合丰富的教学经验，从历史的高度、哲学的深度表达了对教育观、教育目的、课堂教学的理解，内容涵盖古今中外，精彩纷呈。同时，也引起了我们对学前教育的大教育观、儿童观深深的反思。

团队研修之旅是快乐的，我们每天都沉浸在浓浓的学习氛围和满载收获的喜悦之中。师长引路、挚友同行的学习旅程带给我们思考、成长的方向，启发我们对有效管理及教学的思索与研究。

且学、且思、且行，我们将携手共进……

研修团队合影

缘续四月访苏州　携手研修共前行

缘续四月访苏州，携手研修共前行。2019年4月25日，广东省金仁萍名园长工作室主持人金仁萍园长携工作室助手闫帅副园长参加广东省中小学幼儿园名教师、名校（园）长管理专家工作室主持人省级培训专项研修活动，同其他省名园长工作室共同走进了本次研修之旅的第四站——苏州市高新区阳山实验幼儿园。

工作室成员研修活动

早操是孩子们一日活动的重要环节，阳山实幼的孩子们以精神饱满、节奏合拍的动作，感染了我们在场的每一位老师。

陈园长通过讲座《思变、行变、知变，我们这三年——省课程游戏化项目建设回眸》，分享了阳山实幼课程改革的历程。在近三年的时间里，阳山实幼深入理念革新、行动推进，将《指南》与"自主、创造、愉悦"游戏精神有机融于课程建设中，基于孩子的视角与立场，从理念到行动，从外在环境到内显课程，寸积铢累，不断在推进过程中思变、行变、知变。陈园长的讲座让我们深切地感受到课程的改革发展所需要的坚持与用心。

借藤开花，芬芳满园（二）

——大涌镇"镇村一体化"教研活动（二）

思想是行动的指南，理论是实践的先导。大涌镇第一期"镇村一体化"教研活动无疑是理论的基石，理论总结的规律、经验，有效判断实践的变化方向，可以指导实践。所以在第一期的基础上我们开展了第二期大涌镇"镇村一体化"教研活动。本次活动的有效开展是理论与实践的有机结合，是研究、解决实际问题的有效途径。

第二期 镇教研活动

2019年11月，聚焦幼儿园本土化教育资源，我们开展了镇第二期小组教研活动。第二期小组教研活动主要以四个小组的形式展开，共建研修一体化学习共同体。

一、大涌镇中心幼儿园+大涌幼儿园

2019年11月11日下午，中心幼儿园与大涌幼儿园的园长、骨干教师们共计16人，齐聚在大涌镇中心幼儿园会议室开展"本土文化在幼儿教育中的实践"教研活动。

苏州市高新区阳山实验幼儿园陈园长为大家讲述阳山实幼课程改革的发展历程

徐老师通过讲座《刺毛虫的故事》和我们分享了如何通过孩子的一个兴趣点衍生出一个主题活动，使孩子通过在活动中提出问题、寻找资料、自主探索发现来解决问题，从而帮助幼儿不断积累经验并运用新的学习活动，形成受益终生的学习态度和能力。

研修之路漫漫兮，相信今天的研修活动会为各工作室带来更多的想法与借鉴，期待我们下一次有更丰盛的硕果。

工作室成员合影

谈古今之博论　受文化之熏陶

——走进最中国的学校，走进苏州市第十中学

这是一所学校，也是一座园林。教育与文化，都成为气息弥散在这里。历史上是苏州织造署，现在是苏州第十中学。2019年4月26日，广东省金仁萍名园长工作室主持人金仁萍园长携工作室助手闫帅副园长参加广东省中小学幼儿园名教师、名校（园）长管理专家工作室主持人省级培训专项研修活动，同其他省名园长工作室共同走进了本次研修之旅的最后一站——苏州第十中学。

走入校园，仿佛走入了苏州的园林。

第十中学的教学主任带领我们游览了校园，从苏州织造署的遗址到康熙、乾隆南巡江南的驻跸地，从振华女子学校的建筑到历届校友留下的纪念型建筑，学校的文化精神物化在校园的一草一木上，形成了丰富的人文景观，造就了令人羡慕的育人环境。

随后，我们来到苏州第十中学报告厅，听取了苏州第十中学周颖校长带来的《为国育才——践行最中国的教育》校园文化建设专题讲座，从讲座中了解到苏州第十中学的前身是苏州振华女子学校，是有百年历史的名校。学校一直弘扬民族文化和优秀教育传统，办质朴大气的教育。

周校长在讲座中，与我们谈古论今，从清末振华女子学校的教育理念，到我们当代在中国社会主义核心价值观感召下的教育，进行了对教育的深度剖析，让我们受益匪浅。

苏州市第十中学周校长作专题讲座

工作室主持人团队在整理学习心得与体会交流时，一致认为此次的苏州研修之行对工作室的建设起到了很大的帮助。感谢肇庆学院省中小学教师发展中心给我们提供了这次学习的机会，对我们无论是理念的凝练还是眼界的提升都有莫大的帮助，为工作室直接相互交流搭建了平台，期待下一次的研修之旅，期待下一次美丽的遇见！

金仁萍名园长工作室成员合影

巴渝风情浓　幼教情缘深

——广东省金仁萍名园长工作室跨省交流活动（一）

歌乐苍苍，嘉陵泱泱，巴渝风情，人杰地灵。穿越历史时空，感受文化气息，多彩的重庆用热情迎接着来自远方的新朋故友。为了促进工作室省内外幼儿园的交流沟通，广东省金仁萍名园长工作室成员在主持人金仁萍园长的带领下，于2019年11月1日，工作室一行8人，在巴蜀之地——重庆——展开了一场为期两天的充实而幸福的学习之旅。

金仁萍名园长工作室成员合影

迎着清晨的阳光，我们来到了本次活动的第一站，有着深厚历史文化积淀的重庆市一级示范园——重庆市渝中区实验幼儿园。在幼儿园会议室里，宋园长热情地招待了我们，她与金园长因幼教而结缘，因幼教而相遇，一见如故，相谈甚欢。宋园长向大家深入地介绍了幼儿园的课程文化建设，并从课程实施的角度，就课程具体的组织实施、检查督导、分层分责细化抓落实等内容详细地进行了讲解。她还通过分享她与朱家雄教授、刘晓东教授、安吉幼儿园园长的对话，从不同的角度、不同的层面为我们阐述了她对课程的理解、对当前幼教课程文化现状的思考，她率真的个性、对幼教独特的理解给学员们留下了深刻的印象。

金园长和重庆市渝中区实验幼儿园宋蓉园长

接着，宋园长还带领我们观摩了幼儿园的全园体能活动，多元化的体能游戏项目、孩子们出色的运动能力、教师们搭建的专业支架，让我们眼前一亮，并为之惊叹不已。观摩过后，学员们纷纷表达了各自对幼儿园的感受和看法，这所有着六十年办园历史的幼儿园用它的专业魅力深深地感动着学员们，如同金园长在总结中说到的：渝中区实验幼儿园是一所名园，每个角落、每个区域都体现了对孩子的教育，园里的名师、名园长以自身的专业智慧诠释了对幼儿教育的热爱与奉献！

相聚学习的时光总是短暂的，学习的旅途却是永无止境的。感谢宋园长的热情款待，让学员们在聆听教育理念、观摩户外活动和交流探讨经验中增广见闻，充实自己，更加坚定了学前教育者的初心，做教育实践的践行者！让我们期待下次更美好的遇见！

以梦为马不负韶华　砥砺前行筑梦远方

——广东省金仁萍名园长工作室跨省交流活动（二）

重庆之行的学习研修之旅还在继续，伴着习习的凉风，广东省金仁萍名园长工作室的成员们来到了本次活动的第二站——重庆市一级示范幼儿园江津区几江幼儿园。

进入重庆市江津区几江幼儿园，别具特色的户外环境创设一下子就吸引了我们的眼球：运动生长区有与大树完美结合的攀爬网、与沙池融为一体的秋千和攀爬架，充满了野趣；观察感知区中的触摸墙、形态各异的植物充分体现了人与自然的和谐共生；在游戏体验区中，各种有趣的民间游戏材料、不同材质的涂鸦墙，到处可见环境与儿童的互动；幼儿园的走廊、公共区域、课室环境创设都与幼儿园的课程特色紧密相连。

欣赏完幼儿园的环境，钟园长一边热情地沏茶，一边跟我们介绍幼儿园的情况。她以科研课题为主线，向我们介绍了幼儿园科研兴园的办园历程，分享了自己在教育科研过程中的所思所想、收获与感悟，并阐述了自己在教育实践过程中逐步形成的教育主张和教育思想，这种轻松的侃侃而谈，风趣而不失内涵，让我们在点头称赞的同时，自然而然地对学前教育有了新的思考和认识。

活动紧张而充实，广东省金仁萍名园长工作室的学员们在金仁萍园长的带领下，也一直阔步走在幼教专业成长的道路上，在重庆，这个有着特殊情缘的地方，我们分享着幼教同行的实践经验，也感悟着幼教同行的专业魅力。

金仁萍名园长工作室成员与钟运红园长合影

本次工作室省外交流研修活动，通过联合重庆市优质幼儿园，以环境参观、案例分析、课题研讨、同行互评等方式加强了工作室学员的专业化成长，发挥了示范引领的作用，提高了工作室展示度和影响力，彰显了工作室的推广作用。巴渝风情浓，幼教情缘深，带着对幼教的美好憧憬，我们将一路前行，一路高歌！

借藤开花，芬芳满园（一）

——大涌镇"镇村一体化"教研活动（一）

为了促进教师的专业成长，提升全镇幼儿园的教研能力，广东省金仁萍名园长工作室主持人金仁萍园长带领工作室成员联合大涌镇内各所幼儿园，根据本镇幼教实际，充分利用省名园长工作室平台优势，开展"镇村一体化"模式的教研工作，实现资源共享，共同发展。

第一期 镇教研活动

一、全镇幼儿园教研工作会议

为让培训更精准、更有效、更科学，完善培训机制。2019年9月在大涌镇中心幼儿园，由省名园长工作室主持人金仁萍园长主持开展全镇幼儿园教研工作会议，参与此次会议的有大涌镇中心幼儿园、大涌幼儿园、岚田幼儿园、南村幼儿园、南文幼儿园、安堂幼儿园、青岗幼儿园、叠石幼儿园、起凤环幼儿园各园长及骨干教师们，共计20余人。

金仁萍园长主持全镇教研工作会议

金园长表示这是一次意义深远的教研活动，"镇村一体化"教研活动的有效实施，充分发挥了中心幼儿园的引领辐射带动作用，缩小镇村差距，促进共同发展。同时借助工作室提供交流合作平台，提升理论知识，探讨教学中的热点、难点问题，探讨教学的艺术，交流彼此的经验，碰撞再升华，提升教师的教学教研水平和教学质量，实现资源共享的教育价值。

会议确立了本次"镇村一体化"教研活动以"本土文化"为依托主题，"案例交流""观摩活动"为主要培训手段，成立"大涌中心幼儿园+大涌幼儿园""岚田幼儿园+南村幼儿园""南文幼儿园+安堂幼儿园""青岗幼儿园+

叠石幼儿园+起凤环幼儿园"的四个教研小组，以分组结对的方法，互助成长，形成本土文化教研研修学习共同体。

二、集中研修理论培训

在金仁萍园长的努力和工作室平台的协助下，我们开展了大涌镇第一期镇教研活动。第一期镇教研活动，主要以丰富教师理论水平为主要目的，"知他山之高，思己水之浅。期我之成功，向高处更进步。"只有接触到了"高人"，善思善考，方可增加新鲜感与活力，创新教研，创新课程，助力后续教研活动的可持续性发展。

三、专题讲座

2019年10月21日，借助省名园长工作室搭建平台，大涌镇镇内园长、骨干教师们参加了东北师范大学王小英教授在中山市教体局开展的《课程游戏化的法理与实践解读》专题讲座培训，通过聘请名家培训，更新教师们的教育观念，助力开展教研活动。

活动由广东省金仁萍名园长工作室主持人金仁萍园长亲自主持，金园长对东北师范大学王小英教授的到来表示热烈的欢迎，认为这是一次重要的学习机会，希望大家可以抓住机会，学有所成。

东北师范大学王小英教授给我们带来《课程游戏化的法理与实践解读》的专题讲座。王教授条理清晰地向我们阐述课程游戏化的真实魅力，激发教师的内部动机与外部动机，发展课程创造力与实操能力，给教师以无限的思考与启迪，提升教师的个人素质能力。

第一期镇教研活动的圆满结束无疑是为"镇村一体化"教研模式的有效实施开了一个好头。本期教研活动是实践与反思的有机结合，是对研讨与教学的深入了解，借助名园长工作室搭建平台，接触名家、研思研学，助力教师的素质能力提升；同时聚焦园本教研，以多样化、个性化的学习方式构建学习研修共同体，在实践中探索，在交流中成长，引领辐射、带动大涌当地的学前教育发展。

本土文化主题教研活动

教研活动以"专题讲座培训+主题活动设计"形式展开，由省金仁萍名园长工作室助手、大涌镇中心幼儿园邹飞珍副园长就"本土文化包含什么内容？""开展本土文化的形式在哪？"等问题进行详细阐述，明晰本土文化价值取向；接着两所幼儿园的老师们自发分成两组，围绕大涌红木文化中的"木"为主题开展主题活动的设计，并作详细汇报。

省名园长工作室助手、大涌镇中心幼儿园
邹飞珍副园长作专题讲座

第一小组由大涌幼儿园教师作为代表阐述了根据五大领域的线索，设置了大中小年龄的活动案例；中心幼儿园代表则从红木的外形特征、功能用途等方面设置大班的木文化主题课程，为下一步开展乡土文化主题教育课程提供了非常有价值的参考。

本次教研活动的开展，展现了本土文化的核心是关注儿童的需要和兴趣，关注儿童发展和学习的规律和特点，让幼儿园本土课程更具有游戏精神，变得更生动、更有趣、更有效。

二、南文幼儿园+安堂幼儿园

南文幼儿园与安堂幼儿园两园经过探讨决定选取隆都地区特有的民间拓印艺术，开展一节"开门大吉"拓印美术活动。希望幼儿可以通过绘画的方式，基本感知拓印艺术的魅力与价值，通过创作表达自己对"开门大吉"的感受与了解。

11月8日与11月14日，两园分别展示了一节大班美术活动"拓印开门大吉"，课后两园老师对课例进行了说课、评课教研活动。教师们畅所欲言，对教学中的实际问题进行了分析、反思和交流。理性分析，深入反思，务实探讨，让每个参与的教师都受益匪浅。

南文、安堂幼儿园老师大合照

通过本次交流研讨活动，让两园对开展本土文化教学活动有了初步认识，为以后继续开展本土文化教学活动打下了基础。

三、岚田幼儿园+南村幼儿园

岚田幼儿园与南村幼儿园则采用"交流探讨+实践活动"的形式展开教研，工作室助手邹飞珍副园长也参与了此次活动，引领指导、共谋发展。教研以本土文化为依托，根植园本教研，实现了互帮互助、研修一体化的科研教研。

两所幼儿园结合自身幼儿园得天独厚的地域优势，广泛收集优质的地域文化资源，集中汇总，展开讨论，明晰类别，总结出隆都独具特色的本土文化：民俗、方言、美食、民间游戏等。然后分别选取了适合自身的优质地域文化资源，开展实践活动。

岚田幼儿园选取中班本土方言游戏《点指兵兵》展开实践，南村幼儿园则选取大班体育活动《欢乐跳皮筋》展开实践，两所幼儿园都从本土文化资源入手，以隆都话、传统体育游戏开展活动，让幼儿体验本土文化的乐趣，实现本土文化资源的传承与发扬，激发幼儿热爱祖国、热爱家乡的美好情感。

教师上示范课

本次岚田、南村姊妹园联合发起的本土文化教研探讨活动，通过"研"的形式解决幼儿园在课程教学方面的共性问题，探索了园本教研的新形式，提升了老师们的科研教研能力，让老师更好地掌握了学前教育理论知识，对培养优质、创新型幼教人才队伍打下了良好根基。

岚田、南村幼儿园老师大合照

四、青岗幼儿园+叠石幼儿园+起凤环幼儿园

为了促进幼儿园之间的学习和交流，推动幼儿园本土文化，青岗、叠石、起凤环三家姊妹园，开展了研讨与交流会议，最终确定采用主题式活动开展，把隆都文化渗透在区域游戏中，根据五大领域，设计了四大教学环节：环境创设、文艺表现、区域实践、隆都课堂。

本土文化主题活动：环境育人。以隆都文化知识为背景，创设系列主题墙，把隆都知识以图画、物品、文字等多样的形式呈现在纸上。以环境渲染，文化育人，润泽童心的核心理念，熏陶幼儿的良好情操。

文艺展示主要以快闪的形式开展，区域实践主要以本土文化为主题，分为大型建构区、快乐"煮"意、民间游戏、美工区、钓鱼区和阅读区。以搭建大涌本土特色建筑、制作传统隆都美食、回归传统隆都民间游戏等多样形式，让幼儿了解大涌卓旗山下的花环、安堂牌坊、大涌红木文化等，激发幼儿对本土文化认识，培养幼儿的文化认同感。

青岗、叠石、起凤环三家幼儿园采用的主题教研活动，以环境渲染、文艺表现、区域性游戏实践形成隆都课堂，促进本土文化的开展，激发幼儿学习地方特色文化的热情，使幼儿从小了解自己的家乡，传承隆都的传统文化。

青岗、叠石、起风环幼儿园大合照

如火如荼的第二期镇教研活动圆满地结束了。在金仁萍园长的带领下，在广东省金仁萍名园长工作室搭建的平台下，活动促成镇内学员的高效学习，助力镇教研的可持续性开展，同时学员们和老师们也参与其中，收获了见识，收获了专业知识，收获了具体有实效性的工作方法，更收获了美好情谊！

携手共进　砥砺前行

——大涌镇幼儿园第三期教研活动（第一场）活动报道

为深入探讨幼儿园开展本土文化教学活动的有效性，促进教师业务水平的提高，使"镇村教研一体化"园本教研活动真正成为教师专业化成长的摇篮，2019年12月11日，省名园长工作室网络学员、镇内学员、大涌镇幼儿园的园长、骨干教师共78人齐聚大涌镇中心幼儿园，开展了"木文化与美术活动融合"教研活动。

活动由大涌镇中心幼儿园邹飞珍副园长主持，首先由中心幼儿园王春玲老师带来一节美术活动"符号宝宝与木宝宝的相约"。在活动中，王老师充分利用木块的特质，结合美术大师克林姆特的作品开展美术创造活动，内容丰富多彩，教学方法新颖，深深地吸引了"孩子们"。在活动中，产生了一幅幅妙趣横生的作品。

王老师上示范课

由北京慧稚启元教育高级讲师隋君瑶老师作题为《木文化与美术活动的融合》的专题讲座。从木装饰品的演变，到使用木材料的特质和使用要领，隋老师阐述了木在美术活动中的方法用途，为老师们利用木元素开展幼儿园教育活动指明了方向。

隋君瑶老师介绍了木文化与美术活动的关系

一、实际操作

老师们利用"世界咖啡"的教研方式，以小组为单位，围绕"我的爸爸"主题展开讨论，共同创作"我的爸爸"美术作品，并在组内重新交流整理观点。

老师创作的作品

二、分享交流

最后小组代表总结、分享，现场气氛浓厚。省名园长工作室主持人、大涌镇教育事务指导中心幼教专干金仁萍园长为镇游戏材料评比大赛的优秀教师们颁发了证书，同时对本次教研活动给予了高度评价，并赠送学习诗，鼓励教师们集思广益，不断提高专业水平。

本次教研活动，不仅为执教老师提供了锻炼成长的平台，更是为镇内全体教师互观互学、交流研讨创造了机会，对老师们专业水平的提高起到了一定的示范作用。相信在良好教研氛围的影响下，教研活动的有效开展定将全面推动我镇教师专业化成长进程，成为促进镇内学员成长的动力，进一步提升我镇教育教学质量。

第三期镇教研大合照

幼儿园区域活动的组织与实施

——大涌镇幼儿园第三期园本教研活动（第二场）活动报道

为了让区域活动的组织与实施更有效，进一步推进课程游戏化进程，2019年12月27日上午，大涌镇青岗幼儿园开展了大涌镇幼儿园"幼儿园区域活动的组织与实施"大涌镇幼儿园第三期园本教研（第二场）活动。

一、介绍基本情况

早上9：00，广东省金仁萍名园长工作室主持人、大涌镇教育事务指导中心幼教专干金仁萍园长，大涌镇幼儿园园长、骨干教师等42人齐聚青岗幼儿园。活动由大涌镇青岗幼儿园林嘉泳副园长主持，首先由大涌镇青岗幼儿园伍杏梨园长介绍了幼儿园的基本情况和开展区域游戏的成效。

二、户外观摩

在伍园长的陪同下，大家观摩了幼儿园的户外游戏区域。青岗幼儿园的户外游戏区域有效利用空间，结合幼儿年龄段的特点及兴趣爱好，精心设计、巧妙布局，创设出一个个富有童趣、贴近生活、独特新颖的区角环境，投放了丰富而层次分明的区域材料，孩子们自主选择并不断地尝试、探索，体验成功和快乐。教师在活动中注重观察指导，引发兴趣，发现问题，适时引导幼儿总结经验、积累知识。

金园长与伍园长观摩户外环境

三、专题讲座

10：00，全体园长、教师齐聚活动室，聆听了中法"游戏学习"教学模式研究高级研究员王筠老师作主题为《幼儿园区域活动的组织与实施》的专题讲座。讲座前王老师现场进行了"你园开展区域活动的时间有多长"调研，接着围绕"什么是区域活动""为什么要开展区域活动""区域活动的组织与实施"三个方面，从幼儿的学习与发展需要，到以国家教育的纲领性文件精神为导向，进行深入地分析，并解剖了幼儿园区域游戏活动的重要性。以益智区材料为例讲解如何投放材料、每种材料的价值在哪里、每种玩具分别有几种玩法、在区域活动中教师应如何观察，为教师科学设置游戏区域和有效投放游戏材料进行了生动的分享。

高级研究员王筠老师

11：00，教师分为若干小组，对班级区域划分进行现场规划。老师们在活动中针对游戏区域规划是否符合班级孩子的年龄特点，其优点在哪里、缺点在哪里，展开了激烈的分析与讨论。接着，小组围绕班级规划结果进行了分享交流，提出了在区域活动实施的过程中遇到的困惑和问题。王筠老师现场对教师提出的困惑进行一一解答，老师们如醍醐灌顶。

通过本次研讨活动，老师们对如何更好地开展区域游戏有了更深入的理解，促进了幼儿园对幼儿区域游戏活动的探究，提高了教师们的积极性及热情，为幼儿园开展区域游戏活动变得有趣味性、挑战性奠定了基础。

第二节 培训中的"名师"文化

结对名师。通过邀请其他省名园长工作室主持人和市名园长工作室主持人开展专题讲座，交流研修成果，同时作为工作室主持人承担起引领、辐射当地区间性学前教育的责任，手把手指引、结对、互通教育理念、交流研讨、规范学员的日常管理，对学员实行动态考核制度，实时促进学员养成自主教研的习惯。

广东省金仁萍名园长工作室结对多位名园长、名教师，赴珠海市香洲教育幼儿园参加省朱小艳名园长工作室启动仪式；赴武汉参加园长微论坛活动；结对中山市伍春虹园长工作室、广东省李岱玲园长工作室举办课程领导力工作室论坛活动。金仁萍园长以师带徒的方式手把手引领指导学员，通过在不同镇区、不同场合开展多次讲座、跟岗研修活动、组织研讨会活动、工作室成员会议、大涌镇镇内学员会议等，手把手传授学员先进的教育理念，指导引领学员专业化成长，让学员明确教育教学方向。让学员们在聆听名师讲座的过程中、手把手指导的形式中、现场探讨的氛围中，感悟教育教学的真谛，多维度提升自己。

"仁·润"教育，闪耀"武汉·东湖微论坛"

武汉盛夏的炎热也未能阻挡我们前进的步伐，2018年7月25—27日，广东省金仁萍名园长工作室主持人金仁萍园长携工作室专家团队，参加由华中师范大学、亿童教育装备研究院主办的"名园长俱乐部·东湖微论坛——读懂儿童·深度建构园所文化"研讨会,深度探讨新时期幼儿园文化建设,分享"仁·润"教育模式。

东湖微论坛活动大合影

华东师范大学刘晓东博士

我们聆听了华东师范大学教育学部教授刘晓东博士所作的题为《儿童精神哲学》的讲座,刘教授用风趣幽默的语言,博古论今,从国家层面到学校再到园所文化的构建,通过一个个问题引发了我们从不同的角度对幼儿教育的思考。他用自己亲身真实的案例，给我们呈现了《儿童精神哲学》这本书的真谛。

随着课程改革的推进和教育视野的不断拓展，如何传达地域文化、民俗风情，促进幼儿个性发展，是金仁萍园长一直在实践探索的课题。金仁萍园长以地域文化为切入点，以"仁·润"教育为核心价值，作了题为《红木小镇、"仁·润"教育》的讲座。她认为，作为祖国的未来，家乡的希望，孩子们有责任去了解家乡的人文资源、本土文化，让"地域文化"滋润孩子们幼小的心灵，培养他们良好的思想和行为品德，为其一生的发展奠定坚实的基础。正是因为如此，金仁萍园长所领导的幼儿园才在不断的探索中凝练出以"仁者爱人、仁爱满园、文化育人、润泽童心"为核心价值的"仁·润"教育模式。

省名园长工作室主持人金仁萍园长分享经验

在两天的交流学习中，还有来自广东省、河北省、河南省、湖南省、广西、江苏省、贵州省、黑龙江省、上海市等12个省（市）的名园长分享了独特的园所文化建构理念。

论坛最后由湖北省政府督学、《中国教师报》特聘高级专家、学校建设的知名专家李情豪先生做了总结性的发言，并为在座的专家、园长们吟诗一首。诗歌句句感人至深，让在座的幼教人在诗歌中重新领悟幼教的真谛。

广东省金仁萍名园长工作室成员与李情豪院长合影

广东省金仁萍名园长工作室将以"仁爱之心"筑梦未来,让"仁·润"教育模式绽放出更加耀眼的光彩!

交流与分享

——记金仁萍园长参加广东省朱小艳名园长工作室启动仪式

2018年9月28日,广东省金仁萍名园长工作室主持人金仁萍园长带领工作室成员前往珠海市香洲教育幼儿园参加广东省朱小艳名园长工作室启动仪式。

此次广东省朱小艳名园长工作室启动仪式邀请了金园长及珠海市教体局相关领导。大家怀着无比激动的心情共同见证了广东省朱小艳名园长工作室的启动,相信在不久的将来,朱小艳名园长工作室一定会为广东省的学前教育事业贡献出自己的一份力量。

金园长与参加启动仪式人员合影

伴随着悠扬的旋律，我们结束了此次珠海之旅。此次活动让我们感悟颇多，"人生百年，立于幼学"，学前教育是教育的开端，对幼儿的人格发展与文化素质的养成具有重要的意义。作为名园长工作室，有责任和义务充分发挥名园长的示范、引领和辐射作用，促进幼儿园特色发展，努力提升各学员的办学能力，使名园长工作室成为培养、成就名园长的摇篮，继而促进学前教育的发展。

省名园长工作室成员会议

——广东省金仁萍名园长工作室2018年第一期集中研修系列活动二

2018年11月1日下午，广东省金仁萍名园长工作室在大涌镇中心幼儿园举行第一次成员会议。出席本次会议的有中山市学前教育科魏娴副科长，广东省名园长工作室主持人金仁萍园长，工作室助理大涌中心幼儿园副园长闫帅和邹飞珍，入室成员沙溪镇中心幼儿园刘剑辉园长、坦洲镇中心幼儿园郝丽君园长、小榄明德幼儿园副园长陈湛、南朗镇中心幼儿园副园长张亚林、网络学员代表、镇内学员代表等。

魏娴副科长带着满满的"暖"意和"爱"意致辞，如春风拂面般带给大家温暖和力量，语重心长的话语勉励大家"培育共进团队，助力品牌建设"。她希望以省名园长金仁萍为首，联合六个市级园长工作室开展联盟学习、研究共同体。充分发挥名园长的引领、示范、指导作用，工作室成员要树立"相互学习、教学相长、共同发展"的理念，使中山市首届省名园长工作室成为培养、成就名园长的摇篮。

魏娴副科长

紧接着魏副科长和省名园长工作室主持人金园长为入室学员、网络学员代表颁发证书。大家领到证书之后，除了感到激动与喜悦之外，更感到肩上沉甸甸的责任并激起继续奋斗的决心。

魏娴科长和金仁萍园长为学员颁发证书

金园长以"家人之风"的对话方式，瞬间拉近了师徒之间的距离，场面温馨而愉悦。她娓娓道出个人成长的经历、工作室创建的历程和初衷，细致分析了工作室的核心理念、工作理念、工作室工作特色、具体运行策略和成长目标等，激励成员本着"仁爱、合作、创新、共享"的精神，努力朝着"粤派教育家"蓝图奋进。

工作室助手闫帅重点对工作室基本情况、操作方案、进展情况、实施措施、各类制度创建、成员分工、个人成长规划等相关事项进行了讲解和分析。

最后全体成员一起就工作室未来三年的工作思想和实操内容进行了详细交流和互动，大家达成共识"心往一处想、劲往一处使"，共同致力于让工作室成为名园长成长的摇篮而努力，推动中山市学前教育开出七彩之花。

工作室成员合影

中山市园长工作室研讨活动

——广东省金仁萍名园长工作室2018年第一期集中研修系列活动五

2018年11月1日上午，在大涌镇中心幼儿园，举行了中山市园长工作室研讨活动暨广东省金仁萍名园长工作室启动仪式。第一个活动是广东省金仁萍名园长工作室启动仪式。启动仪式结束之后进行了第二个活动——中山市园长工作室研讨活动。参加研讨活动的有广东省教育研究院学前教育教研员、广东教育学会学前教育专业委员会副理事长、学术委员李英博士，《广东教学报》郭强主编，中山市委党校教育行政管理教研室周立胜主任，中山市教体局学前教育管理科魏娴副科长，中山市园长工作室主持人伍春虹园长，中山市园长工作室主持人黄丽云园长，以及各镇区中心幼教专干，各镇区中心幼儿园园长共80余人。

一、金仁萍园长分享

金仁萍园长是大涌镇中心幼儿园园长、广东省名园长工作室主持人，她主张"仁·润"教育，提倡"仁者爱人，仁爱满园，文化育人，润泽童心"的教育思想。她和大家分享了以《红木小镇"仁·润"教育——大涌镇中心幼儿园地域文化课程实践探索》为题的讲座，金园长从文化自信的高度引出课题，通过四个掷地有声的追问，阐明了该课题开展的重要性和必要性。紧接着，金园长从"仁·润"教育课程模式的文化背景、课程建设的原则、基本策略几大方面全面呈现了课题开展的情况，用一张张充满视觉冲击的照片全面呈现了新隆都文化，给大家留下了深刻的印象。

省名园长工作室金仁萍园长作专题讲座

二、伍春虹园长分享

伍春虹园长是中山市名园长工作室主持人，中山市小榄明德中心幼儿园园长。她始终坚持"精细管理和谐发展"的思路,以"让爱温暖每一个孩子"为理念,强调"尊重孩子"的教育思想。她和我们分享了《对话,绽放园本教研的生命之花》,通过花间细语、花团锦簇、花间采蜜等几个篇章,在一个个源于实践、充满生命力的园本教研案例中,让我们领略了园本教研的魅力。

市名园长工作室伍春虹园长专题讲座

三、黄丽云园长分享

黄丽云园长是中山市名园长工作室主持人,中山市黎桂添幼儿园园长,市政协委员,市优秀教育工作者。她分享的《打造团队精神,彰显集体魅力》讲座,从营造精神文化环境、推进师德文化建设、构建研训文化体系三个方面展开,用她幽默风趣的语言、精彩到位的表述,给我们分享了她在团队建设中的趣事,在一片欢乐的笑声中使我们感悟到别样的管理模式,给大家新的思考与启发。

市名园长工作室黄丽云园长专题讲座

四、专家点评

广东省教育研究院学前教育教研员、广东教育学会学前教育专业委员会副理事长、学术委员李英博士对园长们的分享做了点评。他认为听了名园长们的分享倍感信心,相信中山市的学前教育在名园长的引领、辐射下一定会越来越好,开出希望之花。此外,李博士还建议园长们一定要坚持阅读书籍,"书籍是人类进步的阶梯",阅读书籍可以提高自身修养,开拓视野,它像一束阳光,照亮前路,未来一定会芬芳满园。

广东教育学会学前教育专业委员李英博士

中山市委党校教育行政管理教研室周立胜主任就园长们的分享从两个方面作了点评。一方面他高度赞扬了"仁·润"教育的课程模式,认为学前教育的本身要从幼儿出发,遵从幼儿身心发展特点。另一方面周主任从工作室的运作方面提出建议,认为要从工作室本身出发,引领园长成长,指导课题研究,推广办学成果。

中山市委党校教育行政管理教研室周立胜主任

中山市教体局学前教育管理科魏娴副科长做了最后的总结性发言,她说今年的中山市的学前教育是硕果累累的一年。本次活动的开展主要是为了把工作室的运作形式展示给大家,利于创新人才的培养,也是为了聚集骨干力量、分享交流经验,让大家更有信心迎接新的挑战。

中山市教体局学前教育管理科魏娴副科长

党的十九大强调优先发展教育事业、办好人民满意的教育,首次提出实现"幼有所育",我们将在此理念的指导下,办好学前教育,努力让每个孩子都能享有公平而有质量的教育。

初冬旭日,绽放生命的精彩

——记广东省金仁萍名园长工作室入室学员参加省级名师、
名园长工作室研修班学习

初冬,不如隆冬神圣庄严,不如金秋给人以收获的喜悦,但却承载着别样的美丽,它是生命的坚持与守望,蕴含着无穷的力量。2018年11月25日,伴随着初升的旭日,在肇庆学院老师们的精心组织下,研修班第二天的学习在温暖的阳光中幸福展开。

上午,省名师工作室主持人、特级教师宗健老师用"路、桥、心、情"

四个关键词导入讲座《从骨干到卓越——争当优秀入室学员》。宗老师温文尔雅、风度翩翩，他用一段简短却精彩的视频，让我们对宗健名师工作室有了全面的了解。"每一个不曾起舞的日子，都是对生命的辜负。"尼采的这句话直击内心深处，也充分体现了宗老师对生命的感悟。宗老师用充满激情的语言、生动的案例、从专业的角度为我们说明了加入工作室的价值和意义，阐述了从骨干教师到卓越教师的成长阶段，详细讲解了卓越教师的五大基本特征，深入分析了卓越教师成长的内因和外因，并提出了培养卓越教师的策略，包括读书、教学反思、课例研讨、参加研讨会、教育科研等，最后，还分享了自己在工作中总结的宝贵经验，这种无私的倾囊相授，精彩纷呈，现场掌声雷动。

下午，正高级教师、享受政府特殊津贴的深圳市第二实验学校林伟副校长从自己的教研经历出发，结合自己的教育教学成果及大量生动具体的案例，从教师专业发展，什么是教育科研课题，课题研究的定位、特点，课题方案的设计与研究（课题怎么来、怎么做、怎么报）这些方面详细展开阐述。他在严谨思维的统领下，用风趣幽默的语言将课题研究娓娓道来。在大量的案例、范例当中，他从纷繁复杂的表象中把握问题的本质，并总结出切实可行、具有参考意义的范例和模板。同时，林校长还将深奥的道理用浅显、生动、形象的语言表达出来，他所提出的"一个中心和三个基本点""两个车轮"、图文并茂的"单车"哲学、雄鹰的"双翼"理论，等等，都让我们眼前一亮、感到耳目一新。难怪林校长将自己的数学教学称为"诗意数学"，原来，枯燥乏味的学习里也藏着令人向往的诗与远方。这是一场感性与理性、实践与理论、逻辑与诗意完美结合的讲座，干货满满，既生动活泼，又有着深度的思考。

"何为名师？——站起来是座山，对教育充满激情，内心充满自信；坐下来是本书，让人不觉得乏味，有涵养；躺下来是一条路，能帮助他人远行。"我们将以林校长对名师精辟的理解为前行的方向，既脚踏实地，又仰望星空，在认真地学习中不断反思并学以致用，让每一个努力付出的时光都变得有意义，让每一个幸福学习的日子都有着翩翩起舞的快乐，不辜负生命的精彩！

学员和名师合影

专业引领　共同提升

——记广东省金仁萍名园长工作室大涌镇镇内学员研讨会

2019年1月17日下午，省名园长工作室主持人金仁萍园长组织大涌镇镇内学员进行了本土文化主题活动研讨会，参会人员有大涌镇中心幼儿园园长金仁萍、副园长闫帅、副园长邹飞珍，大涌幼儿园园长萧倩游，安堂幼儿园园长刘付珩，岚田幼儿园副园长陈晓波，南村幼儿园园长伍泳娟，大涌镇中心幼儿园教师吴家敏、赵玉蕾等。

会议由大涌镇中心幼儿园副园长闫帅主持，首先带领大家一起回顾了广东省金仁萍名园长工作室2018年度总结，了解了工作室这一年里进行了揭牌仪式、省市工作室联动、团队研修、跟岗学习、课题研究、送教下乡、支教等活动，充分发挥了名园长工作室引领、辐射、资源共享的效应。

一、讨论本土文化主题活动

随后邹园长跟大家一起分享了工作室地域文化主题活动未来的大致构思与方向，根据北师大李敏谊教授的建议，工作室课题研究内容主要集中在发挥中山各镇区地域文化的优势，形成一个具有中山特色的幼儿园地域文化课程。大涌镇作为中山市地域文化的一部分，主要从山水田园文化、华侨文化、民俗文化和红木文化这四大文化来体现，所以需要大涌镇镇内幼儿园互帮互助、资源共享，共同构建大涌镇的本土文化课程。

随后大家一起讨论了如何把山水田园文化、华侨文化、民俗文化和红木文化这四大文化完美地融入幼儿园主题活动中去，如何以不同的形式去开展幼儿园地域文化主题活动，充分地发挥大涌镇地域文化的特点。四位园长纷纷表示都十分愿意去做本土文化课程，但是苦于没有专业的人来引领与指导，放着优质的本土文化资源，不知道从何下手、如何下手，相信本次在金园长的带领下一定会有所进步，共同构建大涌镇本土文化课程，为大涌镇幼儿园本土文化课程贡献自己的一份力量。

二、金园长针对性指导与总结

广东省金仁萍名园长工作室主持人、大涌镇中心幼儿园园长金仁萍对几位学员们的疑问和观点进行了回答与总结，对每间幼儿园地域文化课程的开展一一进行了的指导，概括为"方法、途径、原则、兴趣、实际"十个字。金园长表示自己的幸运在于自己所在的幼儿园这么几十年下来，一直都在做地域文化，现在想邀请大家一起进来，帮助大家一起提升进步，发挥名园长工作室的引领、辐射作用，带领大家共同为中山市学前教育发展添砖加瓦。

此次组织大涌镇镇内学员进行本土文化课程研讨活动，旨在帮助镇内学员解决实际问题，积极带动镇内学员的专业学习与成长，充分发挥广东省金仁萍名园长工作室的示范、引领与辐射作用，推进乡镇幼儿园课程改革深化发展，真正实现了"资源共享、优势互补、共同提高"的工作室核心理念，促进了大涌镇镇内幼儿园本土文化课程发展。

开拓创新促发展，锐意进取谱新篇

——2019年广东省金仁萍名园长成员会议暨第一次集中研修活动

春风浩荡，春山含笑！2019年3月18日，广东省金仁萍名园长工作室成员会议暨工作室第一次集中研修活动在中山市大涌镇中心幼儿园举行，各学员如期而至，再一次相聚，为新的征程储备力量！参加人员有工作室主持人、工作室助手、工作室入室成员等共8人，本次会议由工作室助手闫帅副园长主持。

一、宣读广东省金仁萍名园长工作室2018年度工作总结

首先，工作室助手邹飞珍宣读了广东省金仁萍名园长工作室2018年度总结，在短短的数月，从工作室的启动到一次次的研修活动，工作室成员接受着大江南北不同的幼教文化熏陶，北京、西藏、武汉、成都、广州、珠海等地都留下了成员们研修学习的足迹。2018年的成功离不开省市镇各级领导的支持和帮助，更离不开工作室学员们的自身努力。

二、入室学员宣读本人2018年度研修总结

通过学员的总结可以看到，大家都在2018年的工作室研修活动中收获颇丰。一年来，在工作室的平台上，四位学员快速成长，在自我成长的同时，还发挥了示范、引领作用；学员所在的幼儿园也是喜讯连连，办园水平大幅提

升。工作室已经打造出了一支自主学习、共同研讨、相互促进、共同发展，以解决问题为导向的研究型团队，形成了严谨、务实、钻研、创新的学习风气。

三、宣读广东省金仁萍名园长工作室2019年度工作计划

工作室助手闫帅宣读了广东省金仁萍名园长工作室2019年度工作计划。期待在新的一年里，在工作室主持人金仁萍的带领下，工作室全体成员掌握更多更前沿的幼教资讯，不断提升专业水平，为幼儿教育事业做出更多的贡献！

四、讨论2019年度研修研讨活动相关事宜

工作室主持人金仁萍名园长首先为入室学员布置了2019年上半年入室学员所承担的相关学习任务，与入室学员现场讨论了工作室集中研修、外出学习、省内外互访、培养培训、论坛活动、课题研究、经费使用、微信公众号的运行等相关事宜，提出今年要推广地域文化，主推工作室明星学员、明星幼儿园的宗旨，落实工作室研修活动相关细则等。

工作室入室学员会议

五、工作室主持人金园长致辞

金园长对学员提出了两个要求，概括为两个观念：一是整体观念，二是示范观念；两个并重：一是培养推广并重，二是课题与文化并重。金园长说这两个观念和两个并重，我们大家一起共勉。有句话说："玉兰吐蕊，人勤春

早",我们工作室今年的成员会开得这么早就是希望大家更勤快、勤劳,把一年的工作完成好,成为明星。最后工作室主持人金园长以一首小诗寄托了她对工作室学员新一年的祝愿与期盼!

　　　　品味幼教甘美,收获感动喜悦,
　　　　怀抱新的梦想,种植希望幼苗,
　　　　待到金秋时节,化作香山芬芳。

六、文化体验

观看表演后,工作室主持人带领着学员与教师一起徒步登顶卓旗山,在爬山的途中,大家有说有笑,享受这快乐的时光。并在山顶种了两棵希望的树苗,象征着工作室在2019年扎下健康的根系,发出梦想的嫩芽,长出茂盛的枝叶,福荫学员的人生。也祝愿广东省金仁萍名园长工作室的学员能够在工作室与主持人这棵大树下茁壮成长,绿树成荫!

工作室成员种树

合照

学无止境,达者为先!2019年已经开启,让我们乘风破浪,携手共进,在工作室与主持人的带领下,一起探索梦想的崛起,未来的美好!

勤奋求学　熬墨蓄势

——2019年广东省金仁萍名园长工作室大涌镇镇内学员第一次集中研修活动

春暖花开三月天,香雪魅力引蝶来。2019年3月25日,广东省金仁萍名园长工作室迎来大涌镇镇内学员第一次集中研修活动,各位学员都如期而至,相聚在中山市大涌镇中心幼儿园。参加人员有工作室主持人、工作室助手、工作室镇内学员、大涌镇村镇优秀园长及骨干教师等共15人,本次会议由工作室助手闫帅副园长主持。

一、宣读广东省金仁萍名园长工作室2019年度工作计划

工作室助手闫帅宣读了广东省金仁萍名园长工作室2019年度工作计划。预

告了本学期即将开展的主要活动，如工作室将举行网络研修、送教下乡、结对帮扶、名园长工作室互访等活动。

二、工作室主持人金园长鼓励

工作室主持人金园长以12个字代表了她对工作室镇内学员的鼓励与期盼，即"合作共享，坚定信心，积极参与"。合作共享：金仁萍园长从两个层面进行了阐述。国家层面，从习近平总书记的欧洲三国（意大利、摩洛哥、法国）访问说起，合作协商，互利共赢，共建人类命运共同体；从工作室来说，希望大家要珍惜平台，共享资源，作为镇内学员要"近水楼台先得月"，抢占资源，共建学习共同体。坚定信心：从本土文化出发，加快脚步，坚定求真务实的信心与决心。积极参与：学员应该积极参与工作室组织的活动，在工作室的优质平台上积极主动学习，积极参与幼儿德育教育工作、案例学习等本土文化活动，通过继续学习丰富人文地理知识，并深度解析工作室"仁·润"教育模式。

三、《我和我的祖国》快闪活动

接下来由大涌镇中心幼儿园的教师与小朋友一起带来《我和我的祖国》歌舞表演。随着欢快的音乐旋律和优美的歌声，工作室的镇内学员也不自觉地加入其中，一起歌唱、挥舞着双手，带来了一场精彩绝伦的表演。

小朋友快闪活动

也正如歌词所说"我和我的祖国，一刻也不能分割，无论我走到哪里，都流出一首赞歌……"

四、主题教研活动"相约卓旗山"

随后进行了"相约卓旗山"的主题教研活动,由工作室助手邹飞珍副园长对大家的主题教研活动设计进行了系统的讲解与剖析,吴家敏老师为大家介绍了卓旗山的历史文化事迹,各位学员老师都认真听讲,积极参与其中,并分成两组进行自主教研。随后金园长为大家进行了答疑解惑与总结。

大涌镇中心幼儿园副园长邹飞珍

大涌镇中心幼儿园吴家敏老师

通过本次教研活动,工作室的镇内学员对本土文化主题教研活动有了更多的教学灵感。俗话说,没有完美的个人,但有完美的团队。愿工作室的每位学员都能在每次的教研活动中提升自我、收获成长。

工作室镇内学员大合照

培根铸魂　守正创新

——2019年中山市幼儿园举办"幼儿德育与地方文化课程建设培训班"
暨广东省金仁萍名园长工作室第二次集中研修活动

　　为了让幼儿健康成长，培养和践行社会主义核心价值观，树立"以德为先"的教育理念，明确德育在幼儿园管理与日常保教中的目标定位，深入挖掘香山文化资源，加强幼儿德育与地方文化课程的建设，2018年4月29日在大涌镇中心幼儿园举办2019年中山市幼儿园"幼儿德育与地方文化课程建设培训班"暨广东省金仁萍名园长工作室第二次集中研修活动。

　　出席本次活动的有中山市教育教学研究室学前教育教研员陈思慧老师，广东省金仁萍名园长工作室入室学员、网络学员、大涌镇镇内学员以及中山市各镇区幼儿园园长和老师，共计110余人。

一、智慧碰撞，主题教研

　　首先学员们分成三个大组，分别在广东省金仁萍名园长工作室入室学员小榄镇明德中心幼儿园陈湛副园长、南朗镇中心幼儿园张亚林副园长和工作室助手大涌镇中心幼儿园邹飞珍副园长的带领下开展了地方文化课程案例教研活动，三位园长以《地域文化主题活动开发与实施》为题，就研究背景、什么是主题教研活动、活动内容的筛选以及活动设计的流程进行了详细的讲解，最后由学员自发分成小组、自主进行活动案例的设计，理论与实践结合，思想与智慧碰撞。

小榄镇明德中心幼儿园陈湛副园长

南朗镇中心幼儿园张亚林副园长

大涌镇中心幼儿园邹飞珍副园长

二、交流汇报，深化主题

活动由工作室助手、大涌镇中心幼儿园副园长闫帅主持，小组成员经过讨论，把智慧的结晶用文字的方式呈现在纸上，每组分别选出一位代表，根据地域文化特征、结合幼儿身心发展规律，向大家汇报小组的讨论结果，展示设计的活动案例。

三、根植理论，强化基础

由广东省金仁萍名园长工作室技术专家、中山市教育教学研究室学前教育教研员陈思慧老师以《幼儿园德育课程与地方资源理论》为题做了专题讲座，陈思慧老师从传统文化相关论述、中小学相关德育内容、幼儿园德育内容和地方文化资源等四个方面入手，逐一展开、引经据典、理论与智慧碰撞、逻辑与思维较量，从专业的角度向我们阐述了幼儿园德育与地方文化建构。

陈思慧老师作专题讲座

四、2018年度优秀学员颁奖

由广东省金仁萍名园长工作室技术专家陈思慧老师和工作室主持人金仁萍园长分别为2018年度工作室24位优秀学员进行颁奖。

五、培根铸魂，以德为先

由工作室主持人金仁萍园长做总结性发言。金园长表示2018年是硕果累累的一年，这一年里我们全体工作室成员积极参与活动，及时完成网络研修作业，看到大家对"幼教"的热爱，她深感欣慰。希望学员们在接下来的日子里继续向前奔跑，坚持"追梦"，坚持本土文化，以德为先，做"有根""有魂"的本土文化式学前教育。最后金仁萍园长以一首即兴而发的小诗结束了今天的活动。

名园长工作室主持人金仁萍园长

本次活动为学员搭建了学习研修平台,提升了学员的专业理论知识和案例设计能力,树立了"以德为先"的教育理念,加强了幼儿德育与地方文化课程的建设,为下一次研修活动做好铺垫。

名师讲座　专业引领

——记广东省名园长工作室主持人金仁萍园长赴肇庆学院
省级教师发展中心讲座活动

为了发挥工作室示范引领、彰显品牌的作用,广东省名园长工作室主持人金仁萍带领工作室成员应邀来到肇庆学院省级教师发展中心,承担中山市黄圃镇幼儿园管理干部培训班授课、指导任务。

秋风徐徐吹来,阵阵花香弥漫。2019年11月20日,在金仁萍园长的带领下,广东省金仁萍名园长工作室成员来到肇庆学院这座古老幽静的大学校园。校园内紫荆花开,热烈而浪漫,人文气息穿梭流动,厚重而又深邃,远处琅琅读书声此起彼伏,诉说着莘莘学子的热血与青春。

下午,由省名园长工作室主持人金仁萍园长面向黄圃镇区幼儿园管理干部培训班的30多名园长、老师们开展《润泽教育的芳香——幼儿园构建地方文化主题课程的探寻与实践》专题讲座。

讲座以一首旋律欢快的广东童谣《打开蚊帐》拉开序幕,金园长用激情澎湃的语言,满腔热忱地向我们表达了她对于幼教的初心、对于中山的情怀和身为"新中山人"的骄傲。

讲座主要从"爱比天大,融文化放光彩""扎根沃土,以课程育未来;风暖桃李,润教育为芳香""走进黄圃,秀家乡颂教育"四个方面详细讲述。从中山的历史发展及文化起源开始,向我们传达出浓浓的家乡情与深沉的眷恋爱,呼吁我们弘扬文化;然后以扎根沃土、创设课程引出本土文化课程资源的地方构建；最后以了解家乡、走进黄埔凸显今天的核心主题价值：大美家乡，传承经典文化，构建幼儿园本土文化课程，开发基于中山文化的地方主题特色课程，寻找优秀的地方文化在幼儿园课程中的立点，培养幼儿仁爱、诚信、知礼、感恩、刻苦、自信等精神。

省名园长工作室主持人金仁萍园长

理论是实践的基础，实践是理论的再创造。所以结束了专题讲座后，金园长以"黄圃镇本土文化主题活动案例设计网络图"为题，邀请园长、老师们以小组为单位，现场教研、分组汇报。

园长、老师们分成四组，你一言我一语，热火朝天地展开了讨论，有时候为了一个观点不同而争论不休，有时候又为了达成共识而击掌言欢，场面热闹非凡。最后由小组代表上台进行成果汇报，几个小组主要从传统美食、文化建筑、名人、民间游戏等方面进行阐述，向我们表述了"大美家乡，我爱黄埔"的美好祝福。

小组汇报

时光匆匆,三个小时的讲座在不知不觉中结束了。本次为黄圃镇幼儿园管理干部培训班的授课指导,给黄埔的老师园长们带去了新思想、新观念,推广了工作室的品牌,提高了其影响力和知名度,同时引领、示范、辐射了当地的学前教育发展,彰显了文化的魅力,为打造中山市幼儿园地域文化特色课程注入了新鲜的血液。

工作室合照

粤教育·粤精彩——唱响岭南教育流派

——金仁萍园长参加广东省教育厅中小学幼儿园名教师、名校（园）长工作室高峰论坛活动

2019年11月24—26日，为推动新一轮（2018—2020年）广东省中小学幼儿园名教师、名校（园）长工作室建设和管理，增强工作室的影响力和辐射力，提升名教师、名校（园）长工作室主持人的示范引领能力，根据《广东省教育厅关于做好2019年"强师工程"中小学幼儿园（含特殊教育）骨干教师、校（园）长省级培训研修工作的通知》（粤教继函〔2019〕8号）部署与安排，广东省中小学幼儿园名教师、名校（园）长工作室高峰论坛活动在华南师范大学如期举行。

论坛围绕"粤教育·粤精彩——唱响岭南教育流派"为主题，包含主论坛、9个分论坛和工作坊，邀请了30多名省内外专家，有70多名主持人在论坛上充分展示了岭南名师、名校长风采。邀请来自全省的知名专家，地市教育行政部门领导，名教师、名校（园）长工作室主持人共计400余名。

金仁萍园长作为省名园长工作室主持人，很荣幸地参与了此次活动。与众多优秀的学前教育领导者相聚于此，可以说是拓宽了眼界，提升了境界，坚定了学前教育者的初心，激励我们面对更多的挑战，也鞭策我们不断进步，为幼教事业拼搏出更广阔的天空。

两天的学习让人受益颇多，不但更新了教育理念、领悟了教学改革的真谛，而且凝练了工作室的成果，坚定了"粤派""勤劳务实""勇于开拓""开放兼容"的决心，唱响"岭南教育流派"，以"仁·润"之心，润泽幼儿灵魂，致力发展幼儿园地方文化主题课程构建，助力地方文化资源利用的可持续发展。

在今后的日子里，广东省金仁萍名园长工作室一定会不忘初心、牢记使命，做到精神不衰、本色不改，致力把握学前教育发展的有效契机，化知为行、以师

带徒均衡发展,加强教师队伍建设,成为名园长团队强有力的"先锋队"、教师专业成长最有感染力的"引领者",推进教育现代化、内涵发展,铸就彰显"仁爱·合作·创新·共享"的工作室品牌,引领辐射区域性学前教育的发展。

省名园长工作室主持人金仁萍园长

金仁萍园长应邀参加广东省学前教育专家指导委员会成立仪式暨学前教育研讨活动

为贯彻落实《中共中央国务院关于学前教育深化改革规范发展的若干意见》精神,推进学前教育普及普惠安全优质发展,建立教育行政主导与专家学术支持相结合的工作机制,在广东省教育厅的指导下,广东省学前教育专家指导委员会成立仪式暨学前教育研讨活动于2019年11月30日在广东省外语艺术职业学院燕岭校区举行,21个地级市教育局、25所高等院校、2所中职院校、5家医院、51家幼儿园和6家教研机构,近150人参加了此次活动。

中山市教体局学前教育管理科陈思源科长,带领中山市教育教学研究室教研员、广东省金仁萍名园长工作室技术专家陈思慧老师,广东省名园长工作室主持人、中山市大涌镇教育事务指导中心幼教专干金仁萍园长,中山市园长工作室、机关第三幼儿园李文华园长三位入选成为首届学前教育专家指导委员会的成员，参与了此次活动。

相关成员表示，很荣幸入选成为首届学前教育专家指导委员会的成员，聆听专家的高屋建瓴，接触大家的师范风采。这让他们对幼儿园教育质量、规划管理、专业队伍管理等方面都有了新的思考与启迪。在今后的日子里，他们一定会完善教育机制管理，借助省名园长工作室平台，分工协作、开拓进取、寓教于乐、培养人才，发展具有"岭南"文化的特色教育文化课程，借助本土文化课题发展，唱响岭南教育流派，我们势在必行。

学前教育专家指导委员会成员合照

金仁萍园长应邀参加广东省学前教育师资培训中心专家指导委员会活动

——2019年年会暨省市级教师发展中心协同工作论坛

为了从学科教学、智能教育、校园文化建设等多个方面加强教师培训，2019年12月28日，广东省外语艺术职业学院省级中小学教师发展中心教育委员会和省学前教育师资培训中心专家指导委员会2019年年会暨省市级教师发展中心协同工作论坛在东莞召开。

省市级教师发展中心协同工作论坛成员大合照

本次会议主题为"传统与未来：省市教师发展中心纵论岭南基础教育"。广东省名园长工作室主持人、大涌镇教育事务指导中心幼教专干金仁萍园长应邀参与了此次活动。

金园长表示，此次活动旨在以岭南基础教育为前提，以科研引领师资培训，搭建专家队伍与地方教师深度互动平台，促进了教师区域性专业发展。聆听众多学前领域专业化学者的经验分享，奠定了学前教育发展建设的未来方向，坚定了"粤派""勤劳务实""勇于开拓""开放兼容"的决心，唱响了"岭南教育流派"基础教育的践行。

广东省名园长工作室主持人金仁萍园长

聚焦内涵发展　凝聚向上力量

——广东省金仁萍名园长工作室成员会议暨第七期研修活动

"空山新雨后，天气晚来秋。"2020年9月28日，在这秋高气爽、硕果累累的秋天，广东省金仁萍名园长工作室迎来了2020年度成员会议暨第七期研修活动。

一、第一部分

为了严格预防秋季传染病、流行性感冒等疾病的蔓延，广东省金仁萍名园长工作室联合大涌医院在大涌镇中心幼儿园面向大涌镇镇内学员进行了保健医生卫生保健培训活动。与会人员包括工作室主持人金仁萍园长、工作室助手闫帅副园长、大涌镇镇内学员及保健医生等。

培训会议现场

二、第二部分

为了推进工作室第三年度工作的开展，广东省金仁萍名园长工作室成员会议如期在大涌镇中心幼儿园举行。与会人员包括工作室主持人金仁萍园长，入室学员沙溪镇中心幼儿园刘剑辉园长、小榄镇明德中心幼儿园陈湛副园长、坦洲镇中心幼儿园郝利君园长、南朗镇中心幼儿园张亚林副园长、工作室助手大涌镇中心幼儿园闫帅副园长、大涌镇中心幼儿园梁艳芳副园长等。

三、宣读2019年度工作室总结

工作室网络学员、大涌镇中心幼儿园梁艳芳副园长宣读了广东省金仁萍名园长工作室2019年度工作总结。2019年度工作室学习研修的脚步未曾停歇，学习研修之路跨越广州、肇庆、青岛、重庆以及中山市内各个镇区，开展了跟岗研修活动、送教下乡活动、专题讲座活动、下园诊断活动、课题研修活动、线上公益课堂活动等多种形式的活动，夯实了工作基础，完善了工作室建设，凝练深化了工作室理念文化，彰显了工作室品牌。

四、宣读工作室2020年工作计划

工作室助手、大涌镇中心幼儿园闫帅副园长宣读了广东省金仁萍名园长工作室2020年度工作计划。2020年度是工作室深化建设、总结宣传的阶段，本年度应进一步加强工作室建设，总结工作室理念，宣传工作室品牌，推广工作室成果，扩大工作室的影响力。期待在新的一年里，在工作室主持人金仁萍园长的带领下，全体成员团结协作、凝聚合力，为幼儿教育事业添砖加瓦！

五、谈论2020年度工作室研修活动方面事宜

首先由工作室助手闫帅副园长为入室学员派发了2020年度工作室学员任务清单，明晰了2020年度学员所承担的相关任务，包括上交个人研修工作总结、未来工作计划、幼儿园管理案例、幼儿园管理工作改革情况汇报、学习研修理念反思、子课题研修总结等。同时，学员们讨论了2020年工作室专项经费使用预算、工作室外出研修、聘请专家、现场教研等活动的落实情况，落实了本年

度的工作室研修工作的相关细则。

六、金园长讲话

"择高而立，向宽而行。"金园长表示，工作室创设的初衷就是为了在专业层面上发挥引领作用，搭建学习研修平台，完成工作室示范辐射的使命，打造一支创新型学习研修团队。2018年以来，工作室一直致力于此，开展了丰富多样的研修活动，承蒙各位学员的努力与付出、勇担重担、积极配合，彰显了工作室的品牌，扩大了工作室特色成果的推广，均衡学前教育内涵发展的同时，缩小了师资差距。最后，金园长表示本年度是工作室深化建设、彰显品牌、凝练推广阶段，希望学员积极参与，进行个人成果梳理，圆满完成工作成果特色展示任务。同时金园长鼓励大家总结经验、凝练成果，不忘初心、牢记使命，在幼教的舞台上发光发热。

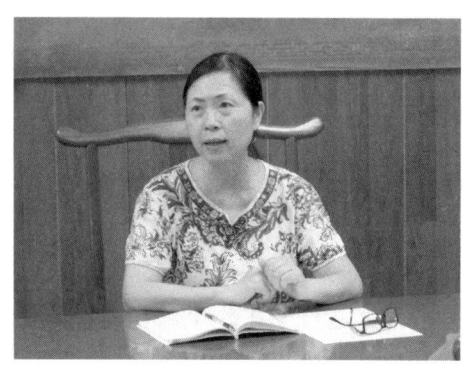

广东省金仁萍名园长工作室主持人金仁萍园长

本次活动圆满结束，为工作室今后工作的开展打下了坚实的基础，明确了学员任务的相关细则，激发了工作室全体人员的热情和力量，增强了广东省金仁萍名园长工作室成员的使命感和责任感。相信今后在金园长的带领下，全体成员将砥砺奋进，并肩同行，为中山学前教育事业添砖加瓦。

第三节　培训中的"名家"文化

聘请名家。为了能够高起点、高质量培养学员，工作室特别聘请了知名专家对学员进行专业化、一体化培养，为学员答疑解惑，使学员前行的方向更加明确，提高学员的自主教研精神。广东省金仁萍名园长工作室通过请进来、走出去的形式，邀请东北师范大学王小英教授莅临我园面对面指导，为学员点明发展方向，走到青岛、北京、广州、成都等地，聆听学前教育领域专家讲座，提升学员专业能力的同时，也使工作室成为凝聚各方实力、寻求共同模式、谋求发展、成就学员自我风采的"孵化器"。

跨界——论古今谈幼教风云，
穿越——百年园之传奇故事

2018年6月6日，迎着夏日灿烂的阳光，在长长的林荫道上，近百位广东省名教师、名园长工作室主持人及助理迈着轻快的步履走进百年老校中的百年老园——北京师范大学实验幼儿园，那是现代与历史完美交融的时刻，广东省2018年名教师、名园长工作室团队研修班，就在如此充满诗意的画面中开启了北京站第一天的学习之旅！

上午，我们聆听了北京师范大学政府管理学院副教授李永瑞博士所作的题为《教育理念创新与教师队伍建设》的讲座，李教授用风趣幽默的语言，博古论今，从国家层面到学校再到名师的培养，通过一个个问题引发了我们从不同的角度对教育的思考。他用一个个真实的案例、一篇篇珍贵的笔录给我们呈现了西南联合大学在办学时期的艰辛，让我们感受到当时梅贻琦校长独特的人格魅力以及他的教师成长和学生成才观，字里行间中，透露出梅校长对国家、对学校、对教师、对学生那份胸怀和情怀，在让人感动的真实案例中感悟到作为领头羊所应该发挥的重要作用。

李教授还分享了亲身经历的"我与调皮学生小熊"和"我与网瘾青年鹏哥"这两个故事，他用自己独到的眼光、科学的方法、持续的鼓励帮助这两位问题学生成功逆袭，拥有了不一样的人生，充分说明了尊重差异、全局育人的重要性。李教授以他丰富的经历、多种的角色让我们对幼教、对幼儿园管理、对名师工作室主持人所应起到的引领作用有了更深层次的感悟。

下午，北京师范大学实验幼儿园的黄珊总园长为我们作了题为《基于可持续发展战略管理思考下的园本课程》的讲座，她从问题"何为战略""何为战略管理"出发，让我们对幼儿园管理有了新的思考，她提到教育、管理和艺术的结合才是完美的，每位园长都应该清楚地了解自己园的战略优势。接着，黄园长通过一组组弥足珍贵的照片为我们重现了北京师范大学实验幼儿园103年的办园历程，配合黄园长精彩而动情的解说，学员们对幼教前辈们的敬佩之情油然而生！最后，黄园长从"传承、发展、创新"方面为我们详细阐述了实验幼儿园基于可持续战略管理思考下的园本课程，学员们都全情投入、认真聆听，生怕错过了每一个点滴。

跨界——李永瑞博士站在不同的角度，融合心理学、管理学等不同领域，拓宽了我们看待幼教的视角，给了幼教人新的思考与启发；穿越——黄珊园长用百年园的传奇故事，让我们感悟了传承、发展与创新的内涵。

研修班现场

每一次学习都是心灵与生命的洗礼,幼教人用孜孜不倦的追求奏响了明日的乐章。相信广东省金仁萍名园长工作室将在永不停歇的学习之路上引领中山幼教人走上新的台阶!

双城之约　筑梦之旅

初夏的脚步伴随着6月的热情欢快而至。2018年6月3日—8日,广东省"强师工程"——幼儿园名教师、名园长工作室团队研修项目培训活动在广州及北京如火如荼地举行着。作为中山的三名学员代表,广东省名园长工作室主持人中山市大涌镇中心幼儿园金仁萍园长与广东省名园长工作室助理中山市小榄镇明德中心幼儿园陈湛副园长、中山市机关第三幼儿园张泳韶老师参加了本次培训活动。

6月3日下午,开班典礼在广州外语艺术职业学院隆重举行,当每一位学员的风采照展示在大屏幕上时,当广东省教育厅继续教师指导中心廖荣辉主任等相关领导通过网络及现场讲话的方式提出殷切希望、给予满满鼓励时，我们感受到了培训项目组的用心、专业及对本次研修活动的高度重视。开班典礼后进行了破冰活动，学员们在教练的引领下，通过游戏互相认识，在分组开展团队活动的过程中熟悉了彼此，并在各项比赛中建立了友谊。在广州的学习中，研修项目组为我们准备了新潮而专业的成长利器，包括工作室网络平台的空间建设与应用、对微信公众平台的运营等，这种干货满满的传经送宝让学员们激动不已，带着意犹未尽，我们开启了充满期待的北京之行。

在北京的学习中，北京师范大学学前教育培训中心为我们安排了丰富的学习内容，既有理论引领，又有参访研学。我们聆听了关于教师队伍建设、幼儿园园本课程、工作室团队建设等方面的讲座，其中最精彩的是中国教育科学研究院刘占兰老师的讲座《幼儿园教师专业成长：从骨干到名师》，她为我们讲述了名师的含义、名师的成长与突出特点、名师的培养与促进、名师应有的核心理念与儿童观几个方面的内容，结合她所带工作室的实践经验，通过一个个生动形象的案例，为我们完整呈现了名师成长之路，让我们感受到了刘老师高度的专业与敬业精神。每一个讲座都各具特色，既高屋建瓴，又脚踏实地；既有理论的引领，又扎根教育实践；既有行内大师的专业，又有跨界专家的视角。这些权威的声音值得我们细心品味，用心琢磨，并在学以致用的过程中深入领悟其中的精髓。

除了理论的学习，我们还分别到了北京师范大学实验幼儿园本部、奥林分园、望京分园及龙樾分园进行参访，在聆听讲座、分享介绍、参与研讨等方式中，我们对北京师范大学实验幼儿园有了更全面的了解。这所拥有103年悠久历史的百年园所，将历史性与国际性、文化传承与现代技术完美融合，教师们的专业素质、管理的精致到位都让我们叹为观止。领略百年园的风采，让我们对幼教前辈的敬意油然而生，传承、发展与创新在这里得到了精彩的呈现，她们将先进的教育理念融入了教育教学的点点滴滴，通过安安静静、专心致志、聚精会神地办教育让我们感受到了何为厚积薄发，是值得我们努力追随和学习的楷模！

2018年北师大广东省强师工程名园长、名师工作室课程领导力高级研修班成员合照

6月8日下午，我们在北京师范大学实验幼儿园举行了简单而隆重的结业仪式，在温暖和不舍的留影中，为期6天的研修活动画上了圆满的句号。从羊城到京城，一路走来，每一步都见证了幼教人前行的执着追求，与专家及同行们这次美好的约会，将为中山幼教人继续筑梦带来新的动力，我们期待中山的教师、园长工作室能在不久的将来，绽放出更加耀眼的光彩！

广东省金仁萍名园长工作室第二期集中研修之旅（一）

为帮助工作室学员开拓视野，更新理念，掌握新思想、新方法，促进学员们专业成长，进一步提高教育管理水平与教学质量，在2018年12月13日，广东省金仁萍名园长工作室成员在金园长的带领下一行五人冒着寒冷，来到了成都市参加2018年中国西部幼教年会。

一、相约成都求知而来——蒙台梭利之道

青岛大学教授段云波博士

青岛大学教授段云波博士为大家带来讲座《蒙台梭利之道》,他从"三岁看大,七岁看老"引入,围绕"不忘初心、牢记使命,让儿童一生福利最大化"而展开。他以专家的视角、通俗的案例分析,带领大家系统梳理蒙台梭利教育理念,解读科学的蒙台梭利教育背后的秘密。段云波博士提到教育的目的应是让孩子学会思考、选择,拥有信念和自由。儿童的成长跟随大自然,因此,成人必须跟随儿童,要学会理解儿童、尊重儿童、接纳儿童,给儿童提供一个适宜的环境,让儿童自由的成长。

二、中国蒙台梭利教育前瞻——幼小衔接教育

中国蒙台梭利秘书长、蒙台梭利学院院长陈剑进行《中国蒙台梭利教育前瞻——幼小衔接教育》讲座,他指出教育对不对路,主要看孩子的幸福指数。他通过一张张普通而又具有代表性的照片展现儿童之家孩子们的幸福,通过一个个案例引领大家了解蒙台梭利教育体系、了解儿童在不同发展时期的发展特点,具体分析了幼儿园课程与小学课程之间的联系:做好幼小衔接就要承上启下,承接幼儿时期的好奇,保持对知识的渴求,开启新知识库的大门。

中国蒙台梭利秘书长、蒙台梭利学院院长陈剑

通过学习，学员们在教育管理理念方面得到了进一步的提升，收获颇丰。大家意识到作为一名教师要树立终身学习的意识，在学习中成长，在反思中进步，让自己的教育管理水平更上一层楼。

中国西部幼教年会成员合照

广东省金仁萍名园长工作室第二期集中研修之旅（二）

一、西部幼教年会

2018年12月15日，广东省金仁萍名园长工作室成员继续在中国西部幼教年会上聆听专家的讲座。冬日的成都，寒风习习，落叶飘飘，在主持人的带领

下,全体参会人员一起跳起了暖心的舞蹈,感受现场的热情。

二、未来·教育

大家一起聆听了美国纽约大学应用力学博士、国际蒙台梭利协会（AMI）3~6岁教师、深圳国际蒙特梭利儿童之家校长宋忠良博士的精彩演讲。我们受益匪浅、收获颇丰。作为教育者,我们只有尊重孩子、相信孩子、观察孩子,才能更好地支持孩子；未来,我们不要为孩子规划,而是给他环境、给他机会,让他自己来,让他的潜力发挥最大化。

宋忠良博士

三、欣赏·探寻

在聆听了台湾儿童暨家庭扶助基金会"幼儿教育与亲职教育"讲师黄馨慧老师和跨界思维教育科技有限公司联合创始人周俊先生的精彩演讲后,我们内心感慨万千。在日常生活中需要我们有发现美的眼睛,扩大自己的"心"视野,才能不断地进步与成长

黄馨慧老师

周俊先生

四、感悟·远航

通过此次研修之旅，发挥了工作室引领、辐射的作用，搭建了学习、交流的平台，进一步提高了工作室学员的专业水平，提高了学员个人专业理念，促进了幼儿园理念的内涵发展，提升了幼儿园办园品质。相信在不久的将来，广东省金仁萍名园长工作室一定会续写新的篇章！

中国西部幼教年会成员合照

共研促成长　交流谋发展

——中山市园长课程领导力暨省、市园长工作室论坛

2019年7月4日，由中山市教育和体育局主办，广东省金仁萍名园长工作室、中山市伍春虹名园长工作室联合承办的中山市园长课程领导力暨省、市园长工作室论坛在中山市教育和体育局隆重举行。

本次活动旨在提高中山市幼儿园园长、骨干教师专业能力，促进全市幼儿园内涵发展，加强幼儿园园本课程开发，提高中山市园长及骨干教师的课程领导力，搭建省、市园长工作室之间分享交流的平台，借鉴更多优秀工作室主持人的宝贵经验。

出席本次活动的领导嘉宾有广东省金仁萍名园长工作室高校专家北京师范大学李敏谊副教授，中山市教育和体育局容彤副调研员，中山市教体局学前教育管理科陈丽娟科长，中山市教育教学研究室学前教育陈思慧教研员，广东省李岱玲名园长工作室主持人、汕头经济特区中心幼儿园幼教集团李岱玲园长，广东省金仁萍名园长工作室主持人、中山市大涌镇中心幼儿园金仁萍园长，中山市园长工作室主持人、厚兴黎桂添幼儿园黄丽云园长，小榄明德中心幼儿园伍春虹园长，雍景园幼儿园胡燕欢园长，小榄菊城幼儿园余向清园长以及中山市各镇区园长共计400余人。

上午的活动由陈丽娟科长亲自主持。首先，广东省李岱玲名园长工作室主持人、汕头经济特区中心幼儿园幼教集团李岱玲园长带来了有关课程领导力的专题讲座，李园长分享了自己幼儿园在课程建设方面的宝贵经验。

陈丽娟科长主持

李岱玲园长带来有关课程领导力的专题讲座

接下来进行的是省市园长论坛环节。在论坛上，金仁萍园长同市工作室主持人们就课程领导力进行了深度的对话和交流。最后，中山市教育教学研究室学前教育陈思慧教研员、北京师范大学李敏谊副教授也对各位园长的发言进行了点评，将论坛推向了高潮。

省市园长论坛

省市园长工作室论坛成员合照

下午首先进行的是北京师范大学李敏谊副教授关于《如何提升园长的课程领导力》的专题讲座。李教授以北京市海淀区的教研活动为例,通过4个维度阐述了课程领导力在幼儿园的重要性以及如何去提升课程领导力。李教授幽默风趣的语言风格、睿智博学的思考方式,让大家在轻松中学,在欢乐中思考。

北京师范大学李敏谊副教授专题讲座

下一个环节是课程领导力微分享，微分享环节由金仁萍园长亲自主持，分别由火炬开发区第一幼儿园的王萍园长、沙溪中心幼儿园的刘剑辉园长、南头镇中心幼儿园的左红云园长、坦洲镇中心幼儿园的郝丽君园长分享各自园所的课程建设情况。四位园长通过分享自己幼儿园的课程建设情况，让来自各个镇区的园长老师都受益匪浅。希望通过此次交流活动不断完善各园所的建构，让中山的幼教水平更上一层楼。

通过本次省市园长工作室的交流活动，增进园所间的横向交流与沟通，进一步提高幼儿园园长专业水平，促进全市幼儿园内涵发展，共同谋划中山学前教育发展新格局。

拓宽视野　　创新发展

——广东省金仁萍名园长工作室第六次研修系列活动（一）

为了促进中山市学前教育发展，提高幼儿园课程游戏化能力，提高幼儿园教师的专业水平，广东省金仁萍名园长工作室于2019年10月21日邀请东北师范大学李小英教授在中山市教体局举行《幼儿园课程游戏化的法理与实践解读》讲座，现场座无虚席，场面异常火爆。

出席本次活动的有东北师范大学王小英教授、中山市教体局学前教育管理科陈思源科长、中山市教育教学研究室陈思慧教研员、广东省名园长工作室主持人金仁萍园长、中山市园长工作室主持人中山市机关第三幼儿园李文华园长、中山市园长工作室主持人小榄明德中心幼儿园伍春虹园长、中山市园长工作室主持人中山市政法幼儿园郭俊清园长、中山市园长工作室主持人中山市雍景园幼儿园胡燕欢园长、省金仁萍名园长工作室学员，以及中山市各镇区园长、骨干教师等共计400余人。

上午9：00活动准时开始，由广东省金仁萍名园长工作室主持人金仁萍园长亲自主持，金园长对东北师范大学王小英教授的到来表示热烈的欢迎，认为这是一次重要的学习机会，希望大家可以抓住机会，学有所成。

广东省名园长工作室主持人金仁萍园长

一、领导致辞

随后由中山市教体局学前教育管理科陈思源科长致辞，陈科长鼓励在场老师们虚心学习、提高标准、合作互动、资源共享，在搭建的名园长工作室平台上建构学习共同体、发展共同体，辐射带动当地或区域内的共同发展，同时达成名园长和名教师的持续成长。

中山市教体局学前教育管理科陈思源科长

二、专家讲座

由东北师范大学王小英教授给我们带来《课程游戏化的法理与实践解读》的专题讲座。王教授用风趣幽默的语言、深入浅出的分析向我们娓娓道来，分别围绕"从什么是游戏""如何理解幼儿园以游戏为基本活动""课程游戏化的精神实质"等方面，条理清晰地向我们阐述了课程游戏化的真实魅力，激发教师的内部动机与外部动机，发展课程创造力与实操能力。

东北师范大学王小英教授

三、金园长总结性发言

金园长表示，王教授的激情、王教授的风趣幽默让我们沐如春风，让我们醍醐灌顶、豁然开朗，激发了我们不断探索的决心，坚定了我们努力的方向。最后金园长以一首小诗表达了自己激动的心情。感谢王教授的到来，今年中山的秋天因为王教授的到来，不是春光，胜似春光！

本次活动发挥了名园长工作室的示范、辐射、引领的作用，构建了学习研修共同体，实现资源共享，打造园长成长的摇篮，为我市培养高水平专业化创新型名园长队伍、造就卓越一线教师贡献力量。

金仁萍名园长工作室第六次研修系列活动合照

专业引领　共谱新篇

——广东省金仁萍名园长工作室第六次研修系列活动（二）

为了更好地探索以地域文化课程为主的特色园所文化，充分挖掘身边丰富的地域文化资源，引领构建符合当地地域文化特色的课程，共同构建中山市以地域文化资源融入幼儿园教育的特色文化课程，广东省金仁萍名园长工作室于2019年10月22日下午在大涌镇中心幼儿园举行课题研讨会暨工作室成员会议。

出席本次会议的有特邀嘉宾东北师范大学王小英教授，中山市教育教学研究室陈思慧教研员，广东省名园长工作室主持人金仁萍园长、工作室助手、工作室入室学员及课题组主要成员共计10余人。

会议开始由省名园长工作室主持人金仁萍园长就工作室的课题开展进行简明扼要的概括汇报，金园长表明工作室的课题主要是依托本土文化、传承乡土文化资源、探索特色课程的实践。

王小英教授也针对工作室的课题提出了针对性的见解，主张"走出去，请进来"的思想，建议借力发展，建立学习研修共同体，达到科研兴教、科研兴园的目的。整个会议以谈话的形式进行，氛围和谐又温馨。最后以王小英教授"一个时代造就一个时代的人，大家以后会有更广阔的天空"的美好祝愿结束了会议。

工作室成员与王小英教授合影

在金园长的带领下，王小英教授对幼儿园的基本情况有了基本的了解，就园所管理、卫生保健、教育教学、环境创设、课题发展、游戏设施等多方面提出了具有建设性的宝贵意见，为园本文化的建设和管理也指明了方向。

王小英教授入园指导

金园长表示：工作室今天的成绩离不开成员的努力，要持续将严谨、务实、钻研、创新的学习风气延续下去。然后布置了2019年下半年入室学员相关学习任务，讨论了工作室集中研修、外出学习、省内外互访、培养培训、论坛活动、课题研究、经费使用、微信公众号的运行等相关事宜，落实了工作室研修活动相关细则，提出了本学期在研究地域文化融入幼儿园课程的前提下，更要主推工作室学员，提高个人素养，培养专业性、创新型、科研管理型综合的新型园长。

本次活动落实了课题的创新型发展与推广，联合省外专家，更新思想，深度研究，充分解读和发展认识，进一步更新了教师的教学理念和专业素养的提高，对课题文化的建设和管理有了一个更好的指引方向。

漫漫求索路　浓浓学术情

——回顾广东省金仁萍名园长工作室赴青岛研修学习活动（一）

"路漫漫其修远兮，吾将上下而求索。"广东省金仁萍名园长工作室的学员研修脚步从不曾停歇。2019年7月14—16日，在中山市教育教学研究室教研员、省金仁萍名园长工作室技术专家陈思慧老师和省名园长工作室主持人金仁萍园长的带领下，学员们来到美丽的青岛大学，参加由中国人民大学书报资料中心主办，《幼儿教育导读》杂志社、青岛大学师范学院学前教育系承办的"2019年全国学前教育专业论文写作与课题申报高级研讨会"。

盛夏季节，魅力青岛，夹杂着咸咸的海风，在这座美丽的城市里吮吸着精神的甘露，别样的风味在心头。携带着这样的心情，我们开启了邂逅美丽海滨城——青岛的第一天。

香港大学张晓博士作了题为《研究、发表与生存：一位学前教育研究者的经验与教训》的讲座，张博士从自身学习及发表论文的经历讲起，为我们分析了论文写作及发表的经验。他谈到要选定研究的领域或主题，深耕十年才能真正有所建树；在研究过程中要注重合作，找到公正、开放、努力的人来当合作伙伴；在论文写作过程中，可以从模仿好的范文开始，掌握论文写作的方法。他还给我们分析了论文被拒的原因，让我们用更加虚心的态度根据主编的建议不断地修改论文，把握好发表文章的机会。

香港大学张晓博士

接着，香港教育大学陈君君博士作了题为《教育学科研究方法的类型与运用解析》的讲座。陈博士从生活入手，通过互动，引发学员们的思考，让我们感受到原来研究就在我们身边。她从研究的概念、研究设计、研究过程、研究分类、研究方法等方面展开阐述，用前沿的信息，结合生动的案例进行分享，为我们了解教育科研打开了另一扇窗。

下午，新加坡社科大学杨伟鹏博士作了题为《学前教育三大核心领域的学术前沿与国际发表》的讲座，杨博士从课程与教学、专业发展、幼教领导力三个方面展开阐述，他通过研究热点"想法""技术"的最新动态，为我们对学前教育研究的主题和方向提供了很多启发。他还通过分析两个研究案例，让我们感受研究是如何进行的、如何设计研究、如何形成论文，清晰的表达、细致的解释让我们对研究有了新的认识和感悟。

紧接着，《幼儿教育导刊》熊志刚、《学前教育》杂志刘向辉、《天津师范大学学报（基础教育版）》陈浮三位主编从自身角色出发，为我们讲述了站在主编角度如何看待学术论文的发表，予以我们很多宝贵的建议。

一天的学习，干货满满，既让人兴奋不已，又需要我们潜下心来，认真思考，慢慢理解与消化。能有机会和众多的高校教师一起参加这样的学术讲座确实获益良多；站在更高的平台，用更前沿、更先进的视角来看待学前教育，让我们有了新的体验和感悟。作为学前教育的实践者，我们只有站得更高，在更先进的教育理念的引领下，教育实践才会更有价值和意义，才能更好地促进孩子们的全面发展。

金仁萍名园长工作室赴青岛研修学习活动大合照

漫漫求索路，浓浓学术情，一天的学习研修更加坚定了我们学前教育者的初心，明确了前行的方向，让我们期待明天更美好的遇见！

课题思旅　精准引智

——回顾广东省金仁萍名园长工作室赴青岛研修学习活动（二）

伴随着清晨海边石缝里偷闲的海星，以及夜晚登州清爽的气息，广东省金仁萍名园长工作室成员们开启了本次青岛研修第二天的学习之旅。

2019年7月15日上午，教育部、国家级申报经验分享由魏勇刚博士主持。会议分别邀请杜传坤、李娟、李旭等三位博士分享了申报教育部、国家级社科项目的成功经验，对如何选题、申报技巧、申报过程中出现的问题和需要注意的事项进行了讲解和答疑。

传坤博士传授了如何在申报书中将自己的思想精华简明扼要地叙述出来的技巧：一是选题要新且准，能吸引评审专家的眼球，切勿脱离实际、范围过宽、问题意识不强；二是要重视申报书的撰写技巧，除将一个好的选题准确表达，在申报书中还要围绕这一主题展开集中论述，为选题提供强有力的支撑；三是要关注政策文件，重视指南课题，注重日常积累，申报课题的前期工作要尽早做准备。

传坤博士

李娟博士以问题为导向，就七个心得和思考敞开分享。①什么时候申报课题？②认真对待（曾经经验教训：凡事预则立，不预则废）。③选题"打眼"。李娟博士幽默风趣地就"为什么要做文献研究""文献研究概述""如何进行文献研究"三个方面进行了讲解。她指出做文献研究应努力做到三点：一要对文献做出批判性分析与评论；二要确保文献综述与本课题研究直接相关；三要全面准确客观地进行文献综述，论据最好来自一次文献。她还针对调查研究的概念、类型和操作步骤进行了分析，指出当前课题研究中存在着"不调研，乱编数据""问题设计不当""不会分析数据"等现实问题，结合自己主持的全国教育科学规划课题《利益相关者视角下我国幼儿园"小学化"治理研究》，详细介绍了自身的做法和体会。

李娟博士

李旭博士基于日常生活开展科研的行动研究，对"何谓行动研究""如何做行动研究"两个问题进行了分享。他提出要抓住身边的小故事，敏锐洞察、深挖，寻找研究依点，让选题立体化，成为真问题、有价值问题。他列举了自己成功发表在国家级期刊的成功案例并进行了深入分析。他针对"有行动无计划""有行动无研究""有行动无反思"等现实问题，提出要按照"计划、行动、观察、反思"的操作路径，做好问题确定、计划制订、科学观察、信息整理、成果提炼等具体工作,最后指出"行动研究要以理论为支撑,以反思为关键,没有理论支撑的行动研究终将走不远,不注重反思的行动研究必定不深入"。

三位主讲专家的精彩分享清晰系统、严谨细致,所举案例针对性强,讲解深入浅出,具有极高的借鉴意义,为参训者开展课题申报、撰写科研论文提供了可操作的宝贵经验,同时专家们的深厚学养与亲和态度也深深感染了老师们,为参训教师们申报高层次的科研课题坚定了信心。报告结束后,参训教师还就论文发表和项目申报中遇到的困难与专家们进行了互动交流。

15日下午,时松、肖玉、金兰、陈思慧等四位老师展示了自己2018年申报国家级社科、省科研及教育部项目的研究课题,由李相禹、李娟、杜传坤、李旭、李敏、孙丽华等博士进行点评。六位博士提出了中肯的建议和有针对性的修改策略,他们认为,近年来国家级项目申报质量整体有大幅提升,但在选题的新意和研究内容的撰写上仍需加强,同时还强调了文献的阅读和日常的积累对项目申报的重要性,认为青年教师需要不断提升自身的研究水平,多发表高质量的学术论文,为课题的申报奠定坚实的基础。

听君一席话胜读十年书,一天的学习干货满满,聆听了各位高人高屋建瓴的见解,深入浅出的剖析,获益匪浅,不但学习到前沿的科研理论和方法,更感受到了教育所需要的学术精神与人文情怀,坚定了这颗幼教人的初心,脚踏实地地在仰望星空的旅途中砥砺前行。

答疑解惑促成长　专精覃思谋发展

——回顾广东省金仁萍名园长工作室赴青岛研修学习活动(三)

清晨阳光明媚,咸咸的海风夹杂着悠然的歌声,天边的海岸线是美的,海天相接,给人以更多的浪漫与想象的空间。青的山与蓝的天,咸咸的海风与若隐若现的海岸线，勾勒着这座城市的缤纷多彩。伴着别样的风景，广东省金仁萍名园长工作室成员们的青岛研修之旅也进入了尾声。

2019年7月16日，"2019年全国学前教育专业课题申报与论文写作高级研讨会"的精彩还在继续。中山市教育教学研究室教研员、省金仁萍名园长工作室技术专家陈思慧老师和省名园长工作室主持人金仁萍园长带领工作室学员们在美丽的青岛大学参加今天的培训活动——课题申报一对一指导。一对一指导活动在李敏博士和时松博士的主持下拉开帷幕，邀请了国内社会科学领域的顶尖专家和教育学术期刊资深主编，对参训老师提交的项目申请书和论文进行一对一点评和指导，老师们抓住机会，积极踊跃，热情似火，场面十分火爆。

培训会开始，工作室主持人、学员、助手们带着课题申报书、撰写的论文纷纷走向在座的专家、学者们，他们是来自国家级、教育部、省厅级的专家，包括时松、李敏、李相蜀、索长清等博士。金仁萍园长代表工作室就课题《基于幼儿核心素养背景下的地域文化"仁·润"教育探寻与实践》请教了青岛大学时松博士，时博士根据工作室实际情况，并结合教育实践和教育科研经验，运用生动严谨的语言和典型案例，从课题的理解与定位、正确选择课题的意义、课题选择的基本原则、课题选择的方法、课题论证方法等几方面入手，在详细的阐述中强调了教科研课题选择上要来源于工作中的问题，内容要具有价值性、科学性、创造性和可行性，让我们获受益匪浅。

学员接受指导

在一对一的辅导中，专家们以例解析，提示教师在申报课题时易忽视的问题，并细心地为教师提出了科学、合理性的建议和进行专业指导。让学员们如醍醐灌顶，如一汪清泉注入心海，在学与知的海洋中畅游，在思与行的榜样中择善而行,学与用、知与行、说与做和谐统一,专精覃思。

　　这是一次有态度的研修,更是一场有温度的探讨。此次课题培训会的举办为学员们开展课题申报、论文撰写提供了一次难得的专业学习的机会,为参研教师的科研论文撰写与期刊投稿带来了专业、具体、实用的指导建议。这不仅有利于提高论文发表及项目申报成功率,也为幼儿园、工作室的课题研究工作的顺利进行奠定了良好的基础。

金仁萍名园长工作室赴青岛研修学习活动合照

第三章

构建区域联动、资源共享的培训模式

办好学前教育，最根本的是要全面贯彻党的教育方针，解决好"培养什么人、怎样培养人、为谁培养人"这个根本问题。新时代贯彻党的教育方针，要坚持马克思主义指导地位，贯彻新时代中国特色社会主义思想，坚持社会主义办学方向，落实立德树人的根本任务，坚持教育为人民服务、为中国共产党治国理政服务、为巩固和发展中国特色社会主义制度服务、为改革开放和社会主义现代化建设服务，扎根中国大地办教育，同生产劳动和社会实践相结合，加快推进教育现代化、建设教育强国、办好人民满意的教育，努力培养担当民族复兴大任的时代新人教师，培养德智体美劳全面发展的社会主义建设者和接班人。

2018—2020年期间，工作室联合省、市级名园长名教师共15个工作室开展联动交流活动，缔结联盟，引领共同发展。赴沙溪镇中心幼儿园、坦洲镇中心幼儿园、南朗镇中心幼儿园、小榄镇明德中心幼儿园分别进行下园诊断活动。对学员进行需求诊断，剖析培养对象在教育教学及专业发展领域的需求情况，制订有针对性的培养方案，指导工作室培养对象制订个人职业发展规划方案，明确发展目标、途径与义务。共组织6次送教下乡活动，2次支教送教活动。完善了城乡教育相互联动和促进机制，提升乡村幼儿园园长的教育教学能力和教育管理水平，推进了幼儿园课程改革深化发展，真正实现了"资源共享、优势互补、共同提高"，以专业、负责的态度，做好名园长工作室引领、辐射、资源共享的作用，续写了帮扶工作的新篇章。

第一节　工作室揭牌仪式及省市工作室联动

金仁萍名园长工作室于2018年11月正式启动，为中山市教体局揭牌的第一个省名园长工作室。金仁萍园长工作室的启动，意义深远，是中心幼儿园经过长期努力而取得的成绩。工作室要立足于一线园长、教师，以省名园长工作室为载体，以师带徒为主要培养形式，构建研修共同体，促进培养对象共同提高，将工作室打造成为幼儿教育与研究的重要基地、合作互动的"学习共同体"和"发展共同体"、优秀园长、教师的"孵化器"。名园长工作室主要作用就是引领、示范、辐射，要建设好、维护好、运行好名园长工作室，引领一批优秀园长和骨干教师健康、快乐成长。

金仁萍园长参加广东省中小学名教师、名校（园）长工作室启动仪式暨主持人集中培训动员会

2018年4月10日上午，广东新一轮（2018—2020年）名教师、名校长（名园长）工作室启动仪式暨主持人培训动员会在华南师范大学顺利举行。广东省教育厅党组成员、副厅长王创出席大会并讲话。

会议中，省教育厅副厅长王创强调：新一轮省名教师、名校（园）长工作室建设是造就高素质专业化创新型教师队伍的有效机制，是广东加快实现教育

现代化的有效支撑，是培养优秀中青年教师的有效途径。工作室建设要从我省教师队伍建设实际出发，坚持改革导向，着眼长远，优化顶层设计，强化体系建设，一要构建教学改革的新模式，二要打造科研兴教的新引擎，三要创建人才培养的新阵地，四要搭建风采展示的新舞台。

华南师范大学校党委书记朱孔军表示，教师教育是师范大学的安身立命之本，华师大将倾力为名教师、名校（园）长成长为教育家型教师、教育家型校（园）长助力，携手为广东基础教育发展做出新的贡献。

中山市大涌镇中心幼儿园金仁萍园长作为中山市唯一一位"名园长工作室主持人"，光荣地接受了"广东省幼儿园名园长工作室"的牌匾，这既是荣誉也是使命和责任，更是大涌镇中心幼儿园的骄傲！

金仁萍园长接受名园长工作室牌匾

金种子，喜见破土之日

——记广东省金仁萍名园长工作室启动仪式

2018年11月1日，在这个特别的日子里，中山学前教育精英云集，共同见证广东省金仁萍名园长工作室揭牌仪式活动的举行。参与活动的有广东省教育研究院学前教育教研员、广东教育学会学前教育专业委员会副理事长、学术委员李英博士,《广东教学报》郭强主编,中山市教育和体育局容彤副调研员,中山市教体局学前教育管理科陈丽娟科长,中山市委党校教育行政管理教研室周立胜主任,中山市教体局学前教育管理科魏娴副科长,中山市教育教学研究室学前教育陈思慧教研员,大涌镇党委李青汶副书记、大涌镇文体教育局李亮局长,大涌镇教育事务指导中心周景照主任,以及各镇区中心幼教专干,各镇区中心幼儿园园长共计80余人。

启动仪式由陈丽娟科长亲自主持,首先金仁萍园长分享了自己的成长之路,充分表达了自己对省市镇各级领导的感恩之情,仁爱之心溢于言表。紧接着,大涌镇党委李青汶副书记、中山市教育和体育局容彤副调研员都先后对金园长表示充分的鼓励与肯定,并勉励金园长要利用好省名园长工作室这个平台,让它成为孵化器,引领园长、教师们健康成长,起到示范和辐射作用。工作室专家导师北京师范大学李敏谊博士虽未能亲临现场,但她也特别用心地录制了一段视频,对金园长工作室的成立表示祝贺。

陈丽娟科长主持

容彤副调研员致辞

大涌镇党委李青汶副书记致辞

以仁爱之心 树德行之本——广东省金仁萍名园长工作室印记

李英博士、容彤副调研员、李青汶副书记、周立胜主任、李亮局长、周景照主任几位专家领导和金仁萍园长一起拉开了省名园长工作室牌匾的幕布，这简单而隆重的仪式意味着广东省金仁萍名园长工作室正式成立，意味着中山市学前教育又向前迈进了一大步。

揭牌仪式

揭牌仪式和金仁萍名园长工作室启动仪式合照

秋的金黄，是生命沉淀后的颜色，这种积累和沉淀丰厚而扎实，经历了春的滋润，夏的绽放，广东省金仁萍名园长工作室的成立，如同她在幼教生涯中收获的饱满硕果，更成为中山市首位省名园长工作室，从零到一，有着里程碑的意义，这饱满的硕果中，又藏着一颗颗金种子，她必将以其仁爱之心，引领中山幼教绽放出更加姹紫嫣红的繁花。

联动交流　　凝聚智慧

——省级名园长工作室联动交流研修活动第一天活动侧记

为了促进工作室之间的互助互学，发挥工作室的示范、引领、辐射、作用，深入落实《3~6岁儿童学习与发展指南》精神，来自韶关、江门、中山、深圳、肇庆、阳春、东莞、珠海等省级名园长工作室联合举办联动活动，旨在展示办园理念、办园特色和园所风采，以深度的交流互动，提高幼儿教师队伍的整体素质。

2019年6月11日，省名园长工作室主持人金仁萍园长带领工作室成员一行4人和其他省名园长工作室团队一同来到广东省育才幼儿园二园，开启本次活动的第一站。育才幼儿园二园的园长热情地接待了各位名园长团队的到来。

伴随着清晨的阳光，我们走在育才幼儿园二园的小路上，一路上绿意盎然，仿佛置身于花园之中。教学建筑错落有致、大型户外游戏场地开阔宽敞，建构材料投放科学，大量投放低结构材料，给幼儿以无限创造空间。模拟交通道路、自主骑自行车、攀爬绳索、自主沙池、大型建构、自由涂鸦、音符敲打、浮板水池，各种场地比比皆是……

户外游戏

工作室成员们观看了校园环境、功能室和部分班级，对育才幼儿园二园的办园理念、环境创设、课程实施等方面有了直观的感受和初步的交流。

互动教研：

在礼堂聆听了吴玉琼院长的主题讲座《在探索中前行》，吴院长表示幼儿园坚持以人为本，崇尚道德、营造和谐、彰显特色，"做中学，学中做"，并就幼儿园的基本设施、办园理念、文化传承、环境布置、自主游戏建设、课程创设等方面做了详细的介绍。

由育才幼儿园二园的凌慧和何金妮两位老师分别进行游戏故事分享。凌慧老师进行主题为"浮板上的挑战"的分享，就游戏背景、游戏过程、活动反思三个方面进行详细地汇报，表示应给幼儿提供适宜的材料，鼓励幼儿大胆创造，促进幼儿的身心健康和谐发展。何金妮老师进行主题为"神秘的旋涡"的游戏故事分享，以图片、视频等多样化的形式，向我们详细地再现了游戏教研过程，寓教于乐，以人为本，增加幼儿探索乐趣。

省级名园长工作室联动交流研修活动第一天大合照

联动交流　智慧共享

——2019年幼儿园园所特色文化建设、省名园长联动交流活动暨省金仁萍名园长工作室第三次研修活动

2019年6月12日，在中山市举行了2019年幼儿园园所特色文化建设、省名园长联动交流活动暨省金仁萍名园长工作室第三次研修活动，本次活动分为一个主会场和三个专场，上午在大涌镇中心幼儿园进行主会场的相关活动，下午在三个专场开展活动，三个专场分别是大涌镇中心幼儿园、沙溪镇中心幼儿园和坦洲镇中心幼儿园。

出席上午活动的有中山市教育教学研究室教研员、中山市学前教育专业委员会会长陈思慧老师和来自韶关、江门、中山、深圳、肇庆、阳春、东莞、珠海等城市的省级名园长，分别是广东省何志红名园长工作室主持人及成员、广东省李爱东名园长工作室主持人及成员、广东省金仁萍名园长工作室主持人及成员、广东省宋宜名园长工作室主持人及成员、广东省宋小群名园长工作室主持人及成员、广东省张彩凤名园长工作室主持人及成员、广东省周丹名园长工作室主持人及成员、广东省朱小艳名园长工作室主持人及成员以及中山市幼儿园的园长及骨干教师。

活动开始时，中山市教育教学研究室教研员陈思慧温馨致辞，对来自四面八方的客人表示热烈的欢迎，对省级名园长工作室联盟表示热情的祝贺，希望名园长工作室发挥辐射、引领作用，谱写幼教改革新篇章。

中山市教育教学研究室教研员陈思慧老师

以仁爱之心 树德行之本 ——广东省金仁萍名园长工作室印记

紧接着，在一段振奋人心的宣传视频中，我们了解了粤港澳大湾区成立的背景，领略了来自韶关、江门、深圳、肇庆、阳春、东莞、珠海等省级名园长工作室主持人的风采。观看视频后，举行了简单而隆重的签署名园长联盟倡议书仪式，金仁萍园长作为名园长代表宣读了省名园长联盟倡议书，与会的省名园长工作室主持人在倡议书上郑重地签下了自己的名字，摄影师们用镜头留住了这值得纪念的时刻。

省级名园长工作室联动签名

随后参会人员分成三组，在大涌镇中心幼儿园的精心安排下观摩了幼儿园的环境及自主游戏活动。参观过程中，园长老师们拿起手机，拍录幼儿园极具传统文化特色的环境创设以及孩子们在区域中专注的操作，孩子们精彩的创意让参观的园长们纷纷点赞，大家对大涌镇中心幼儿园地域文化与课程的融合表示高度赞赏。

参观活动后，金园长作了题为《传承中山精神，构建地方文化主题课程的探寻与实践》的讲座，她用一首广东童谣《打开蚊帐》拉开活动的序幕，全场的与会人员再次在游戏中体验了童年的快乐。接着，金园长从中华民族文化的核心理念谈起，讲到广东精神及中山的

名园长工作室主持人金仁萍园长专题讲座

发展历史和文化起源,再讲到构建地方文化主题课程的价值和意义以及中山文化对工作室理念的启发,并深入介绍了金园长工作室各项工作的开展,彰显了工作室以"仁·爱"为核心的理念,让我们受益匪浅。

下午精彩活动还在继续,分大涌镇中心幼儿园、沙溪镇中心幼儿园、坦洲镇中心幼儿园三个专场进行,参与人员约300余人,分别由广东省名园长工作室主持人大涌镇中心幼儿园金仁萍园长、省金仁萍名园长工作室入室学员刘剑辉园长、省金仁萍名园长工作室入室学员郝利君园长负责。

一、大涌镇中心幼儿园专场

省级名园长及其学员们在大涌镇中心幼儿园举行了圆桌会议。会议由金园长主持,她将诗词歌赋巧妙地融合在主持中,使整个会议轻松愉快又内涵丰富。各个工作室的学员分别介绍了各自工作室的情况,各位省级名园长工作室主持人对学员们的发言进行了精彩的点评。最后在金园长的带领下,以《相逢是首歌》结束了本次活动。

省级名园长工作室主持人圆桌会议

二、沙溪镇中心幼儿园专场

下午2:30,活动在广东省金仁萍名园长工作室入室学员刘剑辉园长所在的幼儿园——沙溪镇中心幼儿园——准时开始,广东省金仁萍名园长工作室学员、中山市各幼儿园园长、骨干教师一行两百余人参加了本次活动。

首先由刘剑辉园长进行以《本土文化融入幼儿园课程建设》为主题的经验分享。刘园长通过挖掘本土资源、传承本土资源、创新本土环境与课程的融合等方面详细介绍了幼儿园特色课程的开展情况,从理论到实践分享经验,让在场的老师们对幼儿园独具特色的课程以及丰富的实践活动连连称赞。

随后,老师们观摩了幼儿园的环境创设和自主游戏。幼儿园表演区、隆都美食区、特色创意区相互结合,围绕本土资源打造了特色的环境创设,推动本土文化在幼儿园课程建设中的内涵发展。

沙溪镇中心幼儿园分会场

三、坦洲镇中心幼儿园专场

下午2:15,活动在广东省金仁萍名园长工作室入室学员郝利君园长所在的幼儿园——坦洲镇中心幼儿园——准时开始,广东省金仁萍名园长工作室学员,中山市各幼儿园园长、骨干教师一行40人参加了本次活动。

活动首先由郝利君园长对幼儿园的办园理念和园本课程进行分享。郝园长从课程的背景、理论基础、课程目标以及课程内容等几个方面进行了详细分享。

接着由该园负责"咸水歌社团"的梁绮婷老师进行咸水歌文化特色活动案例分享。梁老师从激发幼儿对咸水歌产生兴趣开始展开分享，随后教孩子学唱咸水歌，与孩子一起创作剧本，亲手制作表演服等。

园长、老师们亲临各年级教室聆听了该园教师关于班级主题课程与环境创设的介绍，随后，大家齐聚户外咸水歌游戏区域观看孩子们的游戏。

坦洲镇中心幼儿园区域活动

一缕光会让人看到希望，一束光会让人感受到温暖，省级名园长工作室联动交流活动是强强联手，使一缕缕的光聚集成一束光，而这束耀眼的光将会照得更亮、更远、更久，成为更多幼教人前行路上的指明灯！

省级名园长工作室成员合照

交流研修　共赢共进

——省级名园长工作室联动交流研修活动第三天活动侧记

2019年6月13日，沐浴着清晨的阳光，广东省金仁萍名园长工作室主持人金仁萍园长带领工作室成员一行4人和其他省名园长工作室团队走进了肇庆市直属机关第二幼儿园，开启本次活动的第三站——肇庆站。肇庆市直属机关第二幼儿园宋小群园长热情地接待了省名园长团队。

金仁萍名园长工作室成员

研修活动合照

肇庆市直属机关第二幼儿园创办于1956年，位于文化底蕴深厚、岭南气息浓郁的肇庆，是广东省一级幼儿园，依据"撒下幸福种子，开出圆满果实"的宗旨，遵循"爱·尊重·愉悦·自然"的理念等，形成了艺术启蒙、科技启蒙、绿色环保、书香传统、家园共育、对外开放的特色，把礼仪、品格素质教育融入幼儿一日生活中，给孩子一生受益的幸福教育。

到访的各位省名园长工作室主持人及成员们在肇庆市直属机关第二幼儿园宋小群园长的细心讲解与陪同下参观了幼儿园的户外环境、教育教学环境、班级区角创设、幼儿自主游戏等。幼儿园的整体环境以橙色为主色调，是欢快活泼的光辉色彩，让人眼前一亮。课室温馨、舒适，活动场地宽敞、透亮，是一所集绿化、美化、童趣化、教育化于一体的儿童乐园，让参观的园长老师们不禁驻足。

一、名园长主题分享

肇庆市直属机关第二幼儿园宋小群园长分享了《用爱打造幸福的乐园》主题讲座，介绍了二幼"爱·幸福"的校园文化，介绍了以人文本、遵循"爱·尊重·愉悦·自然"的理念，解读了幼儿园的徽标和工作室的徽标，分享了幼儿园管理文化及六大管理策略等，并赠送了书籍。聆听了宋园长的主题讲座后，我们走进了更深层次的二幼。

二、观摩幼儿生日会

肇庆市机关第二幼儿园为当月过生日的小朋友举办了集体生日宴会，准备了美味的蛋糕和水果甜品，大家一起庆祝生日，并唱起《生日快乐》歌。

参加幼儿生日会

第三天充实紧张的观摩学习活动结束了，收获颇多。肇庆市直属机关第二幼儿园如同一颗散发着诱人芬芳的蓓蕾，徐徐绽放，它用其独特的校园文化底蕴，让我们深深记住了这一所"爱·尊重·愉悦·自然"的橙色幸福城堡，相信这所幼儿园的小朋友和老师们也是幸福快乐的。

金仁萍园长带领工作室成员与其他省名园长工作室团队、肇庆市直属机关第二幼儿园交流研修活动成员合影

互访互学　共促发展

——省级名园长工作室联动交流研修活动第四天活动侧记

2019年6月14日，工作室主持人金仁萍园长带领工作室成员一行4人和其他省名园长工作室团队一同来到珠海市香洲教育幼儿园，开启本次活动的最后一站——珠海站。珠海市香洲教育幼儿园朱小艳园长热情地接待了省名园长团队。

珠海市香洲教育幼儿园，始建于1958年，是省一级幼儿园，秉承"让每个孩子拥有良好的人生开端"的办园宗旨，以"培养孩子健康的体魄、宽阔的胸襟、活跃的思维、好学的态度和文明的行为习惯"为办园目标，是一所精致高雅、童趣盎然、香溢满园、绿化覆盖率高、充满阳光的儿童乐园。

首先我们来到了幼儿园报告厅，观看了珠海市香洲教育幼儿园的宣传片，了解了幼儿园的整体概况。珠海市香洲教育幼儿园朱小艳园长对观看的宣传片进行了介绍，又对幼儿园的五年发展规划进行了简要说明，指出要建设科研型的幼儿园、科研型的团队等，朱小艳园长表示大师才成就大学，好的环境才有好的大学，我们要成为专业性、师德高尚、善教学、善引领、爱孩子的名园长，等等。

省名园长工作室珠海市香洲
教育幼儿园朱小艳园长

互动教研：

由珠海市香洲教育幼儿园的朱静教师进行了"我要毕业了"大型主题活动展示，和"教育幼儿园四大家常思课程融合之旅"的主题分享，从往届毕业典礼精彩纷呈、课程网图、课程秀、毕业典礼精彩部分等四部分进行了精彩讲解。她详细地讲解了毕业典礼的前期准备与每一个环节，展示了课程系统网络树图与优秀教学案例，分享了毕业班毕业生活的点点滴滴等。

随后由三组老师分别带队参观了幼儿园的户外环境、教育教学环境、班级区角创设、幼儿自主游戏等。幼儿园的整体环境以蓝色为主色调，童真、明亮、干净、透明，好像整个园所置身于大海之中。宽敞明亮的教室、舒适温馨的寝室、功能齐全的活动室、宽阔安全的户外活动场地，遍地的绿植，仿佛是一个大花园，相信在这里学习生活的小朋友都有一个快乐、幸福的童年。

户外环境观摩

四天的交流研修互访活动结束了，收获满满，感触颇深，无论是对理念的凝练还是对眼界的提升都有莫大的帮助。相逢总是短暂的，期待下一次的互访之旅，期待下一次美丽的遇见！

金仁萍园长工作室成员、其他省名园长工作室团队、珠海市香洲教育幼儿园交流研修活动成员合照

第二节　工作室主持人下园诊断

诊断方案

"广东省金仁萍名园长工作室"关于制订培养对象培养规划的需求诊断工作方案：

根据《广东省教育厅办公室关于印发〈广东省中小学名教师、名校（园）长工作室工作指南〉的通知》（粤教继办函〔2018〕48号）文件的内容及要求，需要对工作室学员进行培养培训需求诊断，结合工作室工作实际，特制订本方案。内容如下：

一、指导思想

根据《广东省教育厅办公室关于印发〈广东省中小学名教师、名校（园）长工作室工作指南〉的通知》（粤教继办函〔2018〕48号）文件，名园长工作室对工作室学员进行培养培训需求诊断，剖析培养对象在教育教学、专业发展等方面存在的主要问题，并与工作室成员共同制订有针对性的培养方案。

二、需求诊断目的

（1）收集培养对象的管理现状数据，剖析在教育教学、个人专业发展、课题研究等方面存在的主要问题。

（2）工作室成员共同制订培养对象所在幼儿园品牌建设、办园理念、课题研究提升等方面具有针对性的培养方案，制定出可行性高的专业发展评价指标。

（3）帮助工作室培养对象理清学习提升的思路，指导他们制订切合实际的周期内个人三年职业发展规划方案。

三、需求诊断内容

（1）对培养对象所在幼儿园的基本情况及管理运行状况进行诊断。

（2）对培养对象所在幼儿园的现有的教育教学与教研情况进行诊断。

（3）对培养对象的管理素质、管理风格及水平进行诊断。

（4）对培养对象所在幼儿园的课题研究情况进行诊断。

（5）对培养对象所在幼儿园的园所品牌取向、办园理念、办园特色等具有校园文化内涵的内容进行诊断。

（6）对培养对象的个人专业发展需求进行问询。

四、需求诊断程序及方法

1. 诊断的技术线路

发现、鉴别问题→调研资源→整合力量→给出诊断结论。

2. 诊断的方法与程序

（1）基本方法

① 问卷法：确定问卷目的→设计问卷→问卷实施→问卷统计→分析问卷→形成问卷结论。

② 自评阐述法：确定自评内容→填写自评表→形成自评报告→分析自评报告。

③ 观察法：确定观察的目的、内容与中心→列出观察提纲→准备观察手段→做好观察记录→形成观察结论。

④ 访谈法：了解培养对象所在园基本情况→确定访谈目的→制订访谈计划，确定访谈对象、时间、地点、内容，拟定访谈提纲→做好访谈记录→通读访谈记录→整理信息、核实问题写出访谈结论。

⑤ 对比研究法：恰当确定对比对象、内容→正确使用对比结果。

（2）一般步骤

第一步：通过发放调查问卷方式，了解与培养对象的状态相对应办学思

想、办学成绩及基本情况。（调查问卷）

第二步：观察培养对象所在幼儿园，更确切地了解培养对象所在园现有的状态，包括优点与出现的问题。（观察记录）

第三步：通过培养对象自评阐述的方式，明确在教育教学、个人发展以及管理中出现的需求。（自评表）

第四步：通过工作室成员下培养对象所在幼儿园访谈的方式，了解培养对象在幼儿园管理的现状。（谈话记录）

第五步：分析优势和劣势。（问题差异）

第六步：诊断差异成因。

第七步：提出改进学校管理的目标和意见。（形成诊断报告）

五、需求诊断对象及所在园所

（1）诊断对象：刘剑辉；所在幼儿园：中山市沙溪镇中心幼儿园

（2）诊断对象：陈湛；所在幼儿园：中山市小榄镇明德中心幼儿园

（3）诊断对象：郝利君；所在幼儿园：中山市坦洲镇中心幼儿园

（4）诊断对象：张亚林；所在幼儿园：中山市南朗镇中心幼儿园

六、参与需求诊断工作人员名单

（1）广东省金仁萍名园长工作室主持人：金仁萍

（2）广东省金仁萍名园长工作室助手：闫帅、邹飞珍

七、需求诊断活动的时间安排（拟定）

需求诊断活动的时间安排

时间	地点
2018年12月12日	中山市沙溪镇中心幼儿园
2018年12月13日	中山市坦洲镇中心幼儿园
2018年12月14日	中山市小榄镇明德中心幼儿园
2018年12月15日	中山市南朗镇中心幼儿园

下园诊断

一、坦洲诊断

观察与互动，引领与成长——广东省金仁萍名园长工作室第三次集中研修跟岗活动走进坦洲镇中心幼儿园

金仁萍名园长工作室走进坦洲镇中心幼儿园学习与交流活动合照

为深入贯彻落实《3~6岁儿童学习与发展指南》《广东省幼儿园一日活动指引》文件精神，提高幼儿园的整体保教水平，为市镇姊妹园搭建学习与交流的平台，广东省金仁萍名园长工作室主持人金仁萍园长带领工作室入室学员及部分网络学员，在2018年12月20日上午来到入室学员郝利君园长所在园坦洲镇中心幼儿园，进行了工作室第三期集中研修活动。出席本次活动的嘉宾有中山市胡燕欢名园长工作室主持人及成员，坦洲镇教育事务指导中心幼教专干徐小

情老师、中山市东区第二教研片园长、老师以及坦洲镇幼儿园园长、教师等，共计90余人。

9点10分，大家来到了户外操场开始观摩户外自主游戏。此时此刻，户外操场上充满了孩子们的欢声笑语。建构区里，心灵手巧的孩子们正在根据自己画的思维导图建构各自的作品；野战区里，孩子们早已进入了战斗的状态，在"炮弹"如林的战场上，展现出英勇无畏的军人气质；沙水区里，孩子们正兴致勃勃地用铲子卖力地不断挖掘，满怀期待地寻找着藏在沙子里的宝藏……快乐的时光总是过得特别快，随着音乐的响起，自主游戏活动结束了，老师们对活动进行了小结并组织孩子们整理材料，随后带领孩子们回到教室。

观摩户外自主游戏

10点20分，参与教研的人员一起回到一楼综合室，分为5组对孩子们的户外自主游戏进行交流和研讨。在研讨的过程中大家积极交流、各抒己见、归纳总结，最后把探讨结果写在纸上，为总结汇报做准备。每组分别派出一个代表上台为大家作汇报，就幼儿园自主游戏开放活动，进行了深刻反思，有所成长、有所收获。

金仁萍名园长工作室入室学员、坦洲镇中心幼儿园园长郝利君作《观察与互动》的专题分享，郝园长以《小人国》视频节选，引导大家思考视频中的马老师如何观察幼儿、何时介入及介入的效果是怎样的。通过视频，郝园长认为作为一名幼儿教师要学会观察，抓住机会与幼儿进行合适的、有效的互动。

广东省金仁萍名园长工作室主持人、大涌镇中心幼儿园金仁萍园长对这次的活动进行小结。金园长高度赞扬和肯定了坦洲镇中心幼儿园以幼儿为本，重视幼儿全面发展的理念。同时，在这次自主游戏活动中，她看到了中心幼儿园孩子们的自主、快乐和幸福，听到了各位园长、老师对孩子游戏行为的专业点评。结束前金园长更以一首即兴诗抒发了参加活动的感受。

通过开展此次自主游戏开放交流活动，为老师和园长们构建了一个互相学习、资源共享、共同进步的平台。大家在共同交流分享的过程中，进行思维与实践的碰撞，在经验与理论的实践中汲取养分，相信通过这次活动可以有效地促进各位教师的观察水平与专业能力的提升，发挥工作室引领、辐射作用，进而推动中山市学前教育的发展。

金仁萍名园长工作室第三次集中研修跟岗活动成员大合照

二、沙溪诊断

本土文化融入幼儿园课程建设——广东省金仁萍名园长工作室第三期集中研修跟岗活动走进沙溪镇中心幼儿园

为了进一步贯彻落实《3~6岁儿童学习与发展指南》精神，促进幼儿园之间的学习和交流，推动幼儿园本土资源渗透幼儿游戏活动的深入开展，打造传统校园文化新亮点，使幼儿园朝着个性化、特色化方向持续发展，2018年12月25日，广东省名园长工作室主持人金仁萍园长带领工作室入室学员以及部分网络学员来到入室学员刘剑辉园长所在园沙溪镇中心幼儿园，进行了本土文化融入幼儿园课程建设——工作室第三期集中研修跟岗活动。参与此次活动的还有中山市黄丽云名园长工作室成员、中山市园长任职资格培训班学员、华南师范

第三章 构建区域联动、资源共享的培训模式

大学专升本学员以及沙溪镇姊妹园园长们等，共150余幼教人。

所有在场人员集中观看了沙溪镇中心幼儿园专门制作的《以特色求生存，以科研促发展》宣传片，该宣传片介绍幼儿园在特色科研方面的发展历程，充分体现幼儿园以课题研究内容为切入点、实施进程为载体，多渠道促进教师专业成长。

由刘剑辉园长及幼教专干胡健云老师陪同金仁萍园长对沙溪镇中心幼儿园环境创设、户外自主游戏进行了参观。

观摩户外自主游戏

刘剑辉园长以图文并茂的PPT形式，从本土文化研究依据、研究意义、研究内容、研究成效等四大方面进行精彩的讲解。让在场人员从多方面了解了本土文化与幼儿园课程的有效利用与整合，拓展深化多样化教育渠道。既有丰富理论支持，又有明确的实践探讨。

省名园长工作室主持人金仁萍园长进行总结性发言，金园长从乡音、乡韵、乡土、乡情几个方面高度赞扬了幼儿园的"乡土文化、乐教乐学"的办学理念。在整个观摩活动中，她看到了幼儿园师幼关系和谐平等、共同谱写文化之歌，特色区域从浓厚的隆都文化环境入手，精心设计投放低结构活动材料，进而支持幼儿游戏，让幼儿自主选择活动，从而达到幼儿主动发展的终极目的。

省名园长工作室主持人金仁萍园长

沙溪镇教育事务指导中心幼教专干胡健云老师表示，广东省金仁萍名园长工作室来沙溪镇中心幼儿园进行研修活动，是十分必要的，希望沙溪镇中心幼儿园切实发挥示范引领作用，成为沙溪镇其他姊妹园的学习活镜子和好榜样，共同推进沙溪幼教事业持续发展。

通过开展此次"本土文化融入幼儿园课程建设"研讨会，幼儿园之间构建了一个互相学习、互相进步的平台，使市镇姊妹园对本土文化的有机渗透课程有了清晰的认识，发挥了工作室引领、示范、辐射作用，进而推动中山市学前教育事业的发展，至此工作室第三期集中研修活动也圆满结束。

三、小榄诊断

明德砺志　博学笃行——记广东省金仁萍名园长工作室到小榄镇入室学员幼儿园下园诊断指导

为进一步发挥广东省金仁萍名园长工作室的示范、辐射和引领作用，促进工作室学员所在幼儿园的文化建设，引领指导学员深化课题研修方向与核心，提升学员专业理论、教育教学和业务水平能力。2019年6月6日，省名园长工作室主持人金仁萍园长带领工作室助手共4人来到入室学员小榄明德中心幼儿园陈湛副园长所在园开展下园诊断指导活动。

工作室主持人金仁萍园长指导学员陈湛副园长

迎着清晨的第一缕阳光，广东省金仁萍名园长工作室一行4人来到小榄镇明德中心幼儿园。小榄明德中心幼儿园伍春虹园长和工作室培养对象、小榄镇明德中心幼儿园陈湛副园长等人陪同参观了幼儿园室内外环境，伍园长就小榄明德中心幼的历史发展、文化传承、办园理念、区角建设和环境创设做了详细的介绍。金园长表示,该园以"菊"育人,润泽童心,传承文化,彰显底蕴。

1. 砥志研思,学员汇报

在会议室进行的诊断会议,由工作室助手大涌镇中心幼儿园闫帅副园长主持。首先由陈湛副园长就课题"基于思维导图的地域文化生成课程实践研究"的开展情况进行汇报。陈湛副园长表示"加入工作室是缘分,更是荣幸。"在积极参加工作室的活动中不断充实自己,在承担送教活动中不断挑战自己,在课题开展中不断丰盈自己,展示了幼教人应有的师德素养。

该园伍春虹园长进行表态性发言。首先伍园长对工作室成员的到来表示热烈的欢迎。其次她表示"一直很支持陈湛副园长的工作,她也是我们学习的引领者。希望她可以以师傅为榜样,学习做人做事,以德为先,努力成为专家型园长。"

2. 金园长总结性发言

金园长表示小榄明德中心幼儿园是一所文化底蕴深厚的幼儿园,这离不开伍园长的专业引领与创新文化,感谢伍园长对我们工作的支持与理解。同时也对爱徒陈湛给予高度的肯定和赞扬,对工作室下一阶段的工作进行了部署:以仁爱之心待人,以师德素养彰显幼教风范。

省名园长工作室主持人金仁萍园长

本次下园诊断指导活动听取了培养对象的工作汇报,明确了培养对象的培养方向,同时发挥了名园长工作室引领、辐射的作用,增进工作室学员之间的交流、学习,促进学员专业化成长。

金仁萍园长带领工作室助手到入室学员小榄（明德）中心幼儿园开展下园诊断指导活动

四、南朗诊断

求真务实　锐意进取——记广东省金仁萍名园长工作室到南朗镇入室学员幼儿园下园诊断指导工作

为了发挥广东省金仁萍名园长工作室的示范、辐射和引领作用，带动学员幼儿园区域性发展，2019年6月20日，广东省金仁萍名园长工作室主持人金仁萍园长带领工作室助手一行4人来到入室学员南朗镇中心幼儿园张亚林副园长所在园开展下园诊断指导工作。

1. 观看校园环境

迎着清晨灿烂的阳光，沐浴着花儿沁人的芬芳，广东省金仁萍名园长工作室一行人来到南朗镇中心幼儿园。南朗镇中心幼儿园王维园长和工作室培养对象、南朗镇中心幼儿园张亚林副园长等人陪同参观了幼儿园室内外环境，张亚林副园长就南朗镇中心幼儿园的班级区角建设、环境创设和幼儿自主游戏作了详细的介绍。

观摩校园环境

2. 入室学员工作汇报

进行诊断的会议由工作室助手、大涌镇中心幼儿园闫帅副园长主持。首先由张亚林副园长进行个人工作汇报。她分别从"不忘初心、牢记使命""找准方向、反思自我""学会沉淀、改变自我""学以致用、改变自我"等四方面进行汇报,并让大家观看了有关课题研究的视频及成果,她表示"我将更加严格要求自己,努力工作、发扬优点、弥补不足、开拓进取,努力成为一名优秀的名园长工作室成员"。

入室学员张亚林副园长作汇报

3. 王维园长表态性发言

王园长对工作室的到来表示热烈的欢迎,感谢工作室在金园长带领下给张园长更多学习的机会。她表示张园长自进入工作室后在教研工作、教育教学管理、活动开展及总结方面有明显的进步,希望工作室多多给张园长机会学习提升,并感谢金园长给予张园长的关照与指导。王园长表态以后会在各个方面给予张园长最大的支持与鼓励。

4. 金园长总结性发言

大涌镇中心幼儿园金仁萍园长表示南朗镇中心幼儿园是一所充满艺术气息的幼儿园,这一切离不开王园长的专业引领与创新发展,感谢王园长对我们工作室工作的支持与理解,同时给予爱徒张亚林有追求、有大爱、有格局、有执行力等高度的评价和赞扬,要求学员要更加努力,做一名品行兼优的优秀学员,以及会在下学期给予张园长更多机会展现自己,让大家共同见证学员从优秀走向卓越,等等。对于南朗镇支持工作室,金园长再一次表示感谢。

金仁萍名园长工作室到南朗镇入室学员幼儿园下园诊断指导工作时的合照

第三节 支教送教

广东省金仁萍名园长工作室根据自身特点，联系确定帮扶的薄弱学校，将通过讲座培训、教学研讨、下园指导等多种方式，开展一系列的送教下乡活动，提升所帮扶乡村幼儿园园长的教育教学能力和教育管理水平。工作室成员将切实做好教育教学示范课、专题讲座、教科研指导等的准备工作，在工作室成员自身进步的同时，也能带动被帮扶的幼儿园，解决被帮扶幼儿园园长、教师在园所管理、教育教学等方面中遇到的困惑，把在工作室汲取的新的教育理念传递给被帮扶幼儿园，营造共赢的新局面，从而进一步扩大工作室的示范、引领和辐射功能。

为完善城乡教育相互联动和促进机制，提升乡村幼儿园园长的教育教学能力和教育管理水平，积极开展了"送教下乡"活动。

粤藏同心，林芝支教

为了响应广东省教育部门的号召，粤藏同心，帮助藏区学前教育向前发展，作为工作室的主持人，在2018年7月13—22日，金仁萍园长来到林芝参加"粤藏同心幼教培训工程"第七期西藏支教活动，为藏区教师带来《新生入园，你准备好了吗？——如何帮助孩子度过入园焦虑期》和《幼儿生活活动中保育人员常规工作》两个实用性的专题讲座，让藏区教师们收获到许多来自我园一线的实践经验，开拓他们的视野。

粤藏同心，爱满林芝——记金仁萍园长西藏林芝支教活动

雪域边疆的歌声，令人陶醉着迷。南粤飒爽的身影，令人肃然起敬。

是谁带着远方的呼唤，走入这青藏高原。是谁留下永恒的期盼，将幼教之花浇灌。

就算唐古拉山的高耸、尼洋河的伟岸，也未曾阻断粤藏同心的坚定信念！

洁白的哈达、满满的祝愿，化作一缕清风，让粤藏幼教紧紧相伴！

雪山、雄鹰、天路，今后会让我时时怀念！

林芝是西藏海拔最低、气候最温暖、生态环境最好、生物多样性最丰富地区。境内河流交错，峰峦绵延，湖泊星罗棋布，奇岩异洞、喷泉飞瀑、林海浩瀚，名山胜水交相辉映，构成一幅绚丽壮观的大然画卷，素有"雪域江南""人间香巴拉"等美誉，是世界仅存的绝少为人类所涉足的净土之一。金仁萍园长作为"新一轮（2018—2020年）广东省名园长工作室"的主持人参加了"粤藏同心幼教培训工程"第七期西藏支教活动。

援藏队老师为金园长赠送哈达

经过十几小时的舟车劳顿，终于到达了西藏林芝市米林机场。前来接机的广东省援藏队的老师为金仁萍园长献上了圣洁吉祥的哈达，并赠言："要带着敬畏的心进藏，放慢你的速度"。汽车沿着林芝的母亲河——尼洋河——行驶，沿途经过雅尼国家湿地公园，它位于巴宜区和米林县境内的雅鲁藏布江与尼洋河两江交汇处，河面海拔2910米。曲线蜿蜒，连绵不绝的高原湿地，如画卷般，美得让人窒息，让金仁萍园长不禁感叹大自然的鬼斧神工，禁不住和美丽的风景合影留念！

金仁萍园长来到酒店后，经过短暂的调整，便快速地适应了林芝的高原环

境，第二天就投入到了"粤藏同心幼教培训工程"第七期培训班的工作当中。

金仁萍园长通过"粤藏同心幼教培训工程"第七期培训班的授课，给来自西藏地区各县市100多位学员带来了《新生入园，你准备好了吗？——如何帮助孩子度过入园焦虑期》和《幼儿生活活动中保育人员常规工作》两个实用性的专题讲座，让学员们收获到许多来自我园一线的实践经验，在开拓了他们视野的同时，提升了他们的专业水平。

金仁萍园长运用多种形式讲授讲座内容：集体授课让学员更快接受先进的教育理念；小组研讨让学员间的思维产生碰撞；个别答疑让学员个性化发展得到满足；互动游戏让学员们在了解到外界知识的同时，也提高了参与的积极性。

这些来自西藏各地区、县的学员们专注认真的态度以及渴望学习的眼神，深深地感动了金仁萍园长。学员们身上的青春活力与求知好学的动力，也让金仁萍园长看到西藏地区学前教育未来的希望。在讲座最后，金仁萍园长和学员们一起跳起了藏族传统舞蹈"锅庄舞"，将粤藏幼教工作者的心连接在了一起！

金园长为学员赠送哈达和证书

金仁萍园长参加了"粤藏同心幼教培训工程"第七期培训班的结业典礼，并为第七期培训班的优秀学员颁发证书。当金仁萍园长将洁白的哈达送给学员们时，也祝福他们在今后的教育生涯中更上一层楼，为西藏的幼教工作作出贡献！——扎西德勒！

走进"三区"，东源支教

日出东方亮，源头活水来。东源——一个孕育着美好与希望的名字，广东省金仁萍名园长工作室因幼教梦与此结缘，为革命老区的幼教送去温暖和更多的希望。2020年12月18日，由肇庆学院省级中小学教师发展中心主办、东源县教育局东源县教师发展中心承办、广东省金仁萍名园长工作室协办的广东省中小学名校（园）长、名教师工作室走进"三区"教育帮扶活动在东源县第一幼儿园举行，来自东源县各幼儿园的200多名园长及骨干教师参加了本次活动。

金仁萍名园长工作室走进"三区"开展教育帮扶活动

冬日暖阳透过树枝留下斑驳的影子。满怀着对幼教的希冀与梦想，广东省金仁萍名园长工作室主持人金仁萍园长带领团队来到了东源县第一幼儿园。一幼的黄小珍园长用满腔的热情，对工作室的到来表示了热烈的欢迎。金仁萍园长代表工作室用三个共同点来表达了对东源幼教工作者的敬意，勉励东源幼教人更有信心地面对未来。紧接着，全体与会人员观摩了东源县第一幼儿园的区域活动、公开课、自主游戏等活动。东源县第一幼儿园整洁有序的校园环境、琳琅满目的班级材料和丰富多彩的活动给大家留下了深刻的印象。

观摩区域活动

上午10：30，工作室学员张亚林、陈湛副园长在音乐厅和报告厅分别对两组学员作了题为《与生成课程的美丽邂逅》的主题教研，组织与会学员就生成课程展开了深入的学习。她们分别从幼儿园课程、幼儿园生成课程、幼儿园生成课程的案例分享等几个方面展开阐述，从课程到生成课程，从理论到实践，通过讲座分享、案例研讨、互动交流等方式深入浅出地让老师们了解了课程中预设与生成的关系，对生成课程有了初步的了解。

下午两点，好玩的团队游戏让现场的老师们在欢乐的笑声中困意全无，并积极投入到学习中去。下午是由金仁萍园长所作的《多情的土地——幼儿园构建地域文化主题课程的探寻与实践》的讲座，金园长从对土地的深情谈起，通过视频《大地的孩子》让我们深深地感受到了人与土地的这份特殊的情感，从视觉和听觉上给予大家极大的冲击。紧接着，金园长以几个直击灵魂的追问，让我们对教育思想和传统文化有了重新的思考，她在生动有趣的故事中让大家感受到何为价值观以及新时期对教育的新要求。金园长通过生动的案例、有趣的绘本、翔实的资料等让老师们对"仁·润"教育理念下的地域文化主题课程有了深入的了解。活动的最后,金园长和东源县教师发展中心教研员缪老师、一幼黄小珍园长一起登台朗诵了诗歌《多情的土地》,讲座在现场所有教师优美而深情的朗诵声中落下帷幕。东源县教育局学前教育教研员缪锦莲老师充分表达了对广东省金仁萍名园长工作室和东源县第一幼儿园的感谢,并对老师们的热情学习表示了充分肯定。

结缘东源,情牵幼教。广东省金仁萍名园长工作室始终不忘初心、牢记使命,充分发挥工作室的示范、引领和专业辐射作用,给革命老区的幼教人传经送宝,注入前行的力量与希望,让这源头活水滋养这片幼教土地,绽放出更加绚烂的幼教之花!

工作室成员合照

情系乡土,送教下乡

我们共组织并参与了6次送教下乡活动。我们分别来到大涌镇岚田幼儿园、小榄镇西区中心幼儿园、坦洲镇裕州幼儿园、南朗镇横门幼儿园、大涌镇起凤环幼儿园、大涌镇叠石幼儿园进行送教下乡帮扶活动。为乡镇幼儿园送去了幼教新知识、新书籍和教玩具，以"送课下乡""现场教研""专题讲座"等形式，加强教师之间教育教学的交流，实现教师间的教学互助精神，为学员们搭建了一个相互交流的平台。以专业、负责的态度，做好名园长工作室引领、辐射、资源共享的作用，推进了乡镇幼儿园课程改革深化发展，真正实现了"资源共享、优势互补、共同提高"的幼儿教育理念。同时带动中山市省一级示范幼儿园结对帮扶工作，续写了帮扶工作的新篇章！

一、情系乡土，送教大涌镇岚田幼儿园

为落实广东省教育厅办公室关于《开展新一轮（2018—2020年）省中小学幼儿园名教师、名校（园）长工作室送教下乡活动的通知》文件的相关精神，进一步发挥广东省金仁萍名园长工作室的示范、辐射和引领的作用，完善城乡教育相互联动和促进机制，提升乡村幼儿园园长的教育教学能力和教育管理水平，2018年11月21日，由广东省金仁萍名园长工作室主持人金仁萍园长领队，带领工作室助手、入室学员来到大涌镇岚田幼儿园进行送教下乡帮扶工作。参与本次活动的还有大涌镇大涌幼儿园、大涌镇青岗幼儿园、大涌镇安堂幼儿园、大涌镇南村幼儿园和大涌镇岚田幼儿园等的幼儿园园长、骨干教师共20多人。

大涌镇中心幼儿园陈艳君老师为大家带来了大班绘本《方格子老虎》教学展示，整个内容以"方格子的老虎"为主线，让幼儿积极、主动投入绘本角色，给予孩子的不仅仅是绘本书画面内容所带来的一些寓意和理解，同时能紧紧地抓住孩子的童趣特征，围绕"快乐"这个中心点、兴趣点，将绘本教学融入有趣的游戏情景中。这也正是符合了《指南》里"孩子们的学习活动是在游戏中进行的"这一内容。

陈艳君老师上示范课

参与此次送教下乡活动的园长、老师们随机分成了三个组,以"方格子老虎"为活动线索,展开了形式多样的教研活动,大家你一言、我一语,阐述自己的观点,碰撞出了智慧的火花。

第一组,"活力老虎"组由组长伍泳娟园长进行教研汇报,他们设计的主题游戏名称是"趣味康乐棋",通过选图片创编故事,分为两种不同的玩法。然后由陈晓波副园长进行了点评:符合大班幼儿的语言发展水平,由浅到深地促进幼儿语言发展领域等。第二组,"虎虎生威"组由组长李婉媚老师进行教研汇报,他们设计的主题游戏名称是"打老虎",可以根据不同年龄的幼儿特点对格子卡片进行调整,训练幼儿的反应、应变能力。然后由张亚林园长进行了点评:这个游戏融合了幼儿健康、数学、科学等领域,可以锻炼幼儿的数字感知能力等。第三组,"众虎同心"组由组长刘剑辉园长进行教研汇报,他们设计的主题游戏名称是"小老虎家做客",分为寻找生活中的格子和探索格子两种玩法,促进幼儿想象力、创造力、动手能力、身体协调能力,引入生活,让幼儿热爱生活物品,在游戏中团结协作,感受到成功的快乐。然后由刘付珩园长进行了点评:方法多样,空间大,将五大领域融合到游戏中,从幼儿兴趣出发,促进幼儿发展。

广东省名园长工作室主持人金仁萍园长进行了总结性发言,金园长说:我们应利用好工作室的平台,往外推广新思想、新理念,做好工作室的示范、引领、辐射作用,并按要求落实好送教下乡任务。首先,金园长对在场的园长、老师、幼儿们的积极配合提出了表扬。其次，说明了怎样成为一名优秀的老师，那就是终身学习，"活到老，学到老"，要品行兼优，不断提升自己的专业素养。然后由刘剑辉园长分享了一个德育小故事《小黄人维修站》，她说教育是文化的传递，是心灵的唤醒，每个孩子都有一个闪光点，我们就是要抓好这个闪光点。最后，金园长为大家普及了有关教育部印发的《新时代幼儿园教师职业行为十项准则》，大家认真学习了十项准则后，金园长由一句"惊涛拍岸卷起千堆雪"结束了发言。

金仁萍名园长送教大涌镇岚田幼儿园活动合照

二、情系乡土，送教小榄镇西区中心幼儿园

2018年11月22日，在这个特别的日子里，广东省金仁萍名园长工作室成员来到中山市小榄镇西区中心幼儿园进行送教下乡活动。

参与此次活动的有工作室主持人金仁萍园长、工作室助手、工作室入室学员、中山市小榄镇明德中心幼儿园结对片10所幼儿园的园长及骨干教师，共计60人。

教研活动由广东省金仁萍名园长工作室入室学员小榄镇明德中心幼儿园副园长陈湛亲自主持，陈园长以《温馨进餐——进餐环节实践探讨》为教研活动主题，提前收集了小榄镇西区中心幼儿园的幼儿就餐情况，并就现状进行了统计与整理，向大家做了汇报。同时向大家抛出问题，就幼儿就餐情况分析成因及调整策略，并思考策略的科学意义即在《指南》中的价值体现。

小榄镇西区中心幼儿园的教师根据小班、中班、大班进行分组，现场讨论"幼儿进餐问题及调整策略"。大家在教研活动中集思广益、集体反思、共同成长，教师们不是被动地听讲而是主动参与，给每一位教师发言讨论的机会，把自己的感受与困惑、心得与体会、方法与手段说出来让大家共同分享经验，利用集体的智慧互相切磋，互帮互学，共同提高、进步。

小组成员把智慧的结晶用文字的方式呈现在纸上，每组分别选出一位代表，根据幼儿年龄特征、身心发展规律，结合《指南》内容向大家汇报小组的讨论结果。最后由陈园长就教师汇报结果进行总结归纳，陈园长表示这一系列的活动使教师的综合素质不断提高，高素质的教师队伍群体更能深入地进行教学研究，从而促进教研水平不断地提高。

1. 园本教研讲座

广东省金仁萍名园长工作室入室学员陈湛园长就园本教研做了专题讲座。陈园长表示园本教研立足本园，以人为本，以教为真，以研为实，倡导个人反思、同伴合作、团队引领，给主体提供很大的创造空间，让教师乐于教，兴于研，不断提升自己的专业智慧，体验工作的成就感和价值感。然后就"园本教研是什么？""园本教研研什么？""园本教研怎样研？"及"教研时应注意什么？"四大方面展开了精彩的讲座，陈园长用温柔清丽的话语向我们娓娓道来，犹如一股清洌的泉水，缓缓地流入我们的心间，让人深明园本教研的意义所在。

工作室入室学员小榄镇明德中心幼儿园陈湛副园长

广东省名园长工作室主持人金仁萍园长进行总结性发言，金园长表示"这

第三章 构建区域联动、资源共享的培训模式

是一次成功的活动,其意义深远。感谢工作室的各位成员和小榄镇西区中心幼儿园的配合。在本次送教下乡工作中,我深深感受到彼此的诚意与用心,看着教师们教研活动中的认真与严谨,也同时深感帮扶责任的重大,我们将以专业、负责的态度做好广东省金仁萍名园长工作室的辐射、带动作用及中山市省一级示范幼儿园结对帮扶工作,续写帮扶工作新篇章!"金园长表示一个优秀的幼儿园老师既是学习者、教育者、沟通者,也是示范者,希望所有参与此次活动的园长、老师们都能永远坚持"以德为先"的准则,时刻保有幼教人的初心。最后由广东省金仁萍名园长工作室入室学员、南朗镇中心幼儿园副园长张亚林带领全体人员一起朗诵《新时代幼儿园教师职业行为规范十项准则》把活动推向高潮。

省名园长工作室主持人金仁萍园长

2. 捐赠仪式

此次送教下乡活动,金园长还代表工作室为中山市小榄镇西区中心幼儿园带来了幼儿图书100本和优质教玩具一箱。

工作室为小榄镇西区中心幼儿园赠送教玩具

金仁萍园长及工作室入室学员陈湛园长和张亚林园长在小榄镇西区中心幼儿园园长的引领下,对幼儿园的基本情况有了基本的了解,就园所管理、卫生

保健、教育教学、环境创设等多方面提出了具有建设性的宝贵意见、为园本文化的建设和管理也指明了方向。

此次送教下乡活动对所有参加活动的教师而言，是一场久旱甘霖，是一缕冬日暖阳，是一盏指路明灯。真实聚焦幼儿需求，准确把脉教学困境，引领教研前进方向。我们将继续秉承"没有最好，只有更好"的做事风格，充分发挥相互协作、互帮互助的精神，为乡镇幼儿教师搭建了一个相互交流的平台，充分发挥了名园长工作室引领、辐射、资源共享的效应，既提高了送教入室学员的自身素质，又推进了乡镇幼儿园课程改革深化发展，真正实现了"资源共享、优势互补、共同提高"的幼儿教育理念，对提高乡镇幼儿园的教师素质和幼儿园的办园质量起到了良好的示范、辐射作用，促进了双方教师的教学互助，共同成长。

金仁萍名园长送教小榄镇西区中心幼儿园活动合照

三、情系乡土，送教坦洲镇裕洲幼儿园

为促进学前教育的均衡发展，实现教师间的有效教学互动，真正实现"资源共享，优势互补，共同提高"，2019年5月21日，广东省金仁萍名园长工作室入室学员、坦洲镇中心幼儿园郝利君园长带领园内骨干教师，前往广东省金仁萍名园长工作室网络学员周少霞园长所在的坦洲镇裕洲幼儿园开展"送教下乡"活动。坦洲镇教育事务指导中心幼教专干徐小情女士，广东省金仁萍名园

长工作室主持人金仁萍园长也出席了本次活动，来自坦洲镇各幼儿园的园长和教师近80人也参与到本次活动当中。

送教坦洲裕洲幼儿园活动现场

坦洲镇中心幼儿园的邱老师带来了大班咸水歌教唱活动"万众一心跟党走"。邱老师教态自然、温和的声音和良好的课堂组织能力让她与幼儿进行了活跃地互动，更重要的是她使用粤语教学给现场的园长、教师留下了深刻的印象。

坦洲镇中心幼儿园的郝园长作《幼儿园课例设计要点》报告分享。郝园长主要从名称、目标、准备、过程、反思等五个方面对如何做好幼儿园课例设计进行了详细的介绍和说明，为幼儿园教师设计课例提供了有效的帮助。

裕洲幼儿园的周园长作《走进裕洲，爱我家乡情》地域文化案例规划分享。周园长从活动背景、活动目的、活动准备、活动内容、活动延伸等方面介绍了即将开展的结合裕洲本地特色（花卉、水培蔬菜、水果、咸水歌）"走进裕洲，爱我家乡情"的系列活动。

坦洲镇中心幼儿园的梁绮婷老师作咸水歌《出海捞鱼心花开》案例规划分享。梁老师介绍了幼儿想学、想唱、想演咸水歌的三个过程，通过教师与孩子交流的话语，引出咸水歌中的环境打造和风情表演活动，达到把主导权交给孩子，让孩子来带动课堂。

广东省名园长工作室主持人金仁萍园长为活动进行小结。金园长提到，希望幼儿园与幼儿园之间可以携手相助，共同交流，集中钻研，一起进步。"坦洲五月绿意浓，串起声声咸水歌，歌美人俏自带香，平凡深处见真情"——最后，金园长以一首即兴诗为整个活动画上了圆满的句号。

省名园长工作室主持人金仁萍园长

通过本次的送教下乡活动，充分发挥了园长、骨干教师的专业引领作用，激发了教师参与教研与地域文化探索的积极性，促进了教师之间的沟通，使大家逐步意识到作为一名幼儿教师要不断地更新自身的教育教学观念和专业知识结构，促进自身的专业成长和发展。

四、情系乡土，送教南朗镇横门幼儿园

为充分发挥广东省金仁萍名园长工作室的示范引领和辐射带动作用，加强工作室培养对象和网络学员的互扶互助和交流学习，2019年5月23日，广东省金仁萍名园长工作室入室学员、南朗镇中心幼儿园张亚林副园长前往广东省金仁萍名园长工作室网络学员欧阳燕明园长所在的南朗镇横门幼儿园开展"送教下乡"活动。本次活动由来自南朗镇姊妹园所的园长及骨干老师近50人参加。广东省金仁萍名园长工作室主持人金仁萍园长出席了本次活动并发表了讲话。

1. 研思诊悟，共促成长

为了使这次送教下乡的示范性活动开展得更广泛、更有影响力，广东省金仁萍名园长工作室入室成员、南朗镇中心幼儿园张亚林园长多次到横门幼儿园进行诊断、全面部署和指导，细致到从会场物资准备、会场布局、活动

流程到展示课例研磨、幼儿园校园文化建设和课程与环境创设融汇等进行一步步梳理和调整、完善。使得整个送教下乡活动达到互助共赢的"研思诊悟，共促成长"。

张亚林副园长简单地介绍了工作室的情况，并对金仁萍园长支持此次活动表示了感谢。本次送教下乡活动以"依托地域文化资源，构建本土化特色课程"为主题，就如何挖掘本土文化建构特色课程开展了一系列的活动，本次活动共分为五个流程。

2. 课题展示，现场观摩

进入的第一个流程是南朗镇横门幼儿园的魏老师带来的一节大班美术活动活动"美丽的大海"。魏老师首先介绍了横门的地域优势，紧扣本土文化特色，以图片"船""海"导入，通过与小朋友的谈话式互动，激发幼儿的想象力与创造力，仿佛置身于"大海边"，最后以"请小朋友们帮大海妈妈找回海洋生物"为主题，进行了一场美术活动。

示范课

3. 渔村文化，园所介绍

第二个流程是由南朗横门幼儿园园长、工作室网络学员欧阳燕明园长进行了园所汇报。欧阳园长就横门幼儿园的园本文化建设思路及实践进行了详细的汇报，她表示横门幼儿园一直以来坚持以幼儿为主体，以"小渔村"的地理文化优势，进行环境创设、生成课程，努力为幼儿创设一个良好、舒适的环境，让幼儿健康快乐地成长。

南朗横门幼儿园园长、工作室网络学员欧阳燕明园长

第三个流程是评课环节。由现场教师随机分成三个教研小组，就美术活动"美丽的大海"进行建设性思考，大家积极参与，现场气氛异常火爆。最后由每组分别推选出一名代表汇报小组智慧的结晶。

第四个流程由张亚林副园长进行专题讲座，张园长以"依托地域文化资源，构建本土文化特色课程"为主题，从研究背景分析及依据、地域文化课程来源、什么是主题活动、横门渔文化资源、渔文化活动内容、主题活动内容筛选、主题活动设计基本流程、案例分享、幼儿园设计活动理念和思路及案例格式要求等方面进行了详细的讲解。

省名园长工作室入室学员南朗镇中心幼儿园张亚林副园长

广东省名园长工作室主持人金仁萍园长为活动进行小结。金园长表示"这是一次意义深远的活动,感谢南朗镇横门幼儿园及在场全体教师的积极配合,让我看到了南朗幼教人的精神风貌"。并对本次送教下乡活动深入贯彻了"培养什么人""怎样培养人""为谁培养人"的教育的根本任务,体现了幼教人的坚守与奉献、沉稳与扎实给予了肯定与支持。最后,金园长以一首即兴诗为整个活动画上了圆满的句号。

金仁萍名园长送教南朗镇横门幼儿园合照

本次走进南朗的送教下乡活动,是2019年广东省金仁萍名园长工作室的送教下乡活动之一,充分发挥了名园长工作室引领、辐射、资源共享的效应，工作室还将继续开展形式丰富的一系列送教下乡活动，为提高乡镇幼儿园的教师理论基础、教研水平，推进乡镇幼儿园本土文化课程的深化发展做出应有的贡献。

五、情系乡土，送教起凤环、叠石幼儿园

为进一步深化学前教育教学改革，实现优质教育资源共享，完善城乡教育相互联动和促进机制，充分发挥广东省金仁萍名园长工作室的示范、引领、辐射作用，均衡城乡学前教育的发展，广东省金仁萍名园长工作室主持人金仁萍园长带领工作室助手、成员等一行5人分别在2019年12月6日和2019年12月20日来到大涌镇起凤环幼儿园和大涌镇叠石幼儿园开展送教下乡活动。

起凤环幼儿园　　　　　　　　　叠石幼儿园

大涌镇起凤环幼儿园林兆群园长和大涌镇叠石幼儿园郭兰英园长向不辞辛劳前来送教的金园长工作室的成员们表示由衷的感谢。广东省金仁萍名园长工作室主持人金仁萍园长就幼儿园的园所管理、卫生保健、教育教学、环境创设等方面提出了具有建设性的宝贵意见，指出幼儿园要因地制宜、扬长避短，在原有的基础上发挥幼儿园的优点，避开缺点，定位幼儿园的保教发展方向，助力幼儿园可持续性发展。

入园指导

金园长得知起凤环幼儿园和叠石幼儿园的艰苦条件后,心中不禁感慨万千。对两所幼儿园的全体教师心生敬佩之意,同时决心要借助名园长工作室平台,尽自己的绵薄之力,为两所幼儿园带来大量的玩教具,包括美术用品、教材用书、建构材料等,帮助两所幼儿园改善教学环境。

赠送教玩具

本次送教下乡活动从心出发，坚持做到"四有"，即有组织性、有计划性、有针对性、有成效性，使工作室的帮扶工作落到实处，受帮扶对象得到提升。

送教起凤环幼儿园

送教叠石幼儿园

第四节 网络研修

以网上工作室桥梁，不断创新互联网+幼教。利用"互联网+"积极创建名园长网上工作室，以网络为平台，为学员提供丰富的教育资源。网上工作室分为微信公众号和工作室资源平台，积极推广先进的教育教学资讯、分享工作室研究的优秀案例及丰富的研修活动，资源共享，促进学员共同成长。

一、工作室网络学员

工作室自成立以来，不断招收网络学员、扩大辐射面积，不断丰富公众号及广东省公共资源平台内容，并以此为纽带，搭建起网络互动的平台。工作室现有网络学员58名，覆盖全市24个镇区。工作室多次开展网络学员的网络研修活动，并要求学员通过名园长工作室网络空间发布生成性学校管理资源。

二、工作室微信公众号

2018—2020年工作室公众号关注人数达到1404人，共推送285期文章。公众号定期进行幼教知识的推送，让学员学到有用的知识，丰富视野。规范公众号的管理与维护，同时链接省资源平台，便于学员及时了解工作室的活动资讯、学习提升与沟通交流，促进工作室工作的开展。

三、工作室资源平台

依托广东省公共服务资源平台为省名园长设置的网上工作室资源平台，平台共设置13个主要板块，板块内分别设置1~3个分栏目，分别是主持微语、学科文章、学科资源、名师课堂、案例管理、分享交流、课题研究、教研活动、学员感悟、教研实录、资讯、公告、成果展示。2018—2020年生成文章269篇，资源21个，课题研究1个，名师课堂6个，总访问量达37 869人次，达到了资源共享、辐射当地乃至省内外的作用。

第四章

探索有根有魂、有趣有乐的教育实践

以专家的专业引领,深入课题研究,完善工作室课题管理机制,对工作室学员开展的课题研究进行统筹管理。为保障学员课题的顺利开展,工作室定期聘请专家对学员个人课题进行指导,通过专家的引领、导师的指导、学员间的互动,保障学员个人课题按计划、步骤稳步推进。深化课题研究,规范学员日常管理,关注课题研究进度,及时给予学员支撑与帮助,并要求学员定期展示研究进展,互相监督,将成果推放至工作室微信公众号与省资源平台,供大家学习参考。

课题研讨活动,通过交流研讨的思路和方法寻求办法破解工作室发展难题,将地方文化与自然生态教育有机结合,深入实践探索,创新特色教育。创新共享课题成果,以幼儿园为实验基地对工作室的课题进行研究,将课题研究进程的每一步落实到幼儿园实处当中,将幼儿园切实打造成课题成果转化示范创新基地园。

2018年度广东省金仁萍名园长工作室成立课题小组,进行"广东省金仁萍名园长工作室地域文化'仁·润'教育的探寻与实践"的总课题研究。分析现状,帮助入室学员根据自己园所的特点,分别开设相关子课题研究,并制订相适应的课题发展规划,定期组织学员进行课题研讨交流活动。

课题开展情况如下:

课题开展情况规划表

课题负责人	单位名称	课题名称
金仁萍	广东省金仁萍名园长工作室	总课题:广东省金仁萍名园长工作室地域文化"仁·润"教育的探寻与实践
邹飞珍	大涌镇中心幼儿园	子课题:课程游戏化背景下本土红木文化资源融入幼儿园教育的实践活动
刘剑辉	沙溪镇中心幼儿园	子课题:本土文化融入幼儿园课程建设
陈湛	小榄镇明德中心幼儿园	子课题:基于思维导图的地域文化生成课程实践研究
郝利君	坦洲镇中心幼儿园	子课题:坦洲咸水歌在幼儿园一日活动中实践
张亚林	南朗镇中心幼儿园	子课题:主题式的幼儿园乡土化建构游戏开发与策略研究

第一节 工作室课题开展情况

红木文化课题开题报告会暨科研课题研讨会

——广东省金仁萍名园长工作室2018年第一期集中研修

2018年11月6日是个特殊的日子，上午广东省金仁萍名园长工作室成员、网络学员、市《指南》跟岗学员在大涌镇中心幼儿园举行了课题开题报告会和科研课题研讨会。

湖北省中小学德育学会副会长李情豪，广东省名师工作室主持人广州市第二幼儿园教学主任彭盛斌，中山市教育教学研究室学前教育教研员陈思慧老师，大涌镇教育事务指导中心陈文惠老师，以及广东省金仁萍名园长工作室入室学员、网络学员，市《指南》跟岗学员，大涌镇姊妹园园长、老师共50余人莅临会场，共同见证了这个重要时刻！

一、课题开题报告会

金仁萍园长宣读了中山市教育科研2018年度市重点项目"课程游戏化背景下本土红木文化融入幼儿教育的实践活动"和广东省金仁萍名园长工作室研究课题"幼儿园地域文化'仁·润'教育的探索与研究"的开题报告，从课题的提出、理论依据、课题界定、研究目标、内容、思路、方法、步骤、预期成果及组织保障等方面作了详尽的汇报。

广东省金仁萍名园长工作室主持人金仁萍作汇报

中山市教育教学研究室学前教育教研员陈思慧老师对两项课题的开题报告进行了点评,首先表示以地域文化为切入点选题新颖且富有文化意义,在研究意义方面给予了充分的肯定。其次对课题在研究中应重点突破的方向、研究方法和工具的选择、研究方案的改进,以及预期成果等方面提出了富有建设性的意见和建议。

中山市教育教学研究室学前教育教研员陈思慧点评

湖北省中小学德育学会副会长李情豪对两项课题的开题报告进行了慷慨激昂的点评。他高度赞扬了金园长将本土的红木文化融入幼儿园教育之中,把文化传承、游戏化课程的多元化开发与建构融入生命的责任之中。

湖北省中小学德育学会副会长李情豪点评

大涌镇教育事务指导中心陈文惠老师对开题报告会进行了发言。陈文惠老师首先对中山市教育教研室陈思慧老师及湖北省中小学德育学会副会长李情豪的到来及指导表示衷心的感谢，其次表明了立场，代表大涌镇事务指导中心表示一定会对金园长的课题高度支持与配合，共同为大涌镇学前教育事业作出贡献。

金园长作表态性发言。金园长表示今天的课题开题会，是一次成功的会，一次收获的会，领导的讲话让我们如沐春风，专家的指点使我们顿开茅塞，我们一定会乘势而上、不忘初心、砥砺前行。

课题管理人陈思慧老师为"课程游戏化背景下本土红木文化资源融入幼儿园教育的实践活动"课题主持人金仁萍园长颁发中山市教育科研课题立项证书。

"课程游戏化背景下本土红木文化资源融入幼儿园教育的实践活动"和"幼儿园地域文化'仁·润'教育的探索与研究"开题报告结束后，课题组成员与专家进行了大合影，记录了这一美好的瞬间。相信在今后的教育科研道路上，广东省金仁萍名园长工作室成员们一定会披荆斩棘、勇往直前。

课题组成员与专家的大合影

二、科研课题研讨会

本次会议的第一部分开题报告会结束后，金园长带领课题组主要成员与专家们进行了本次会议的第二部分——科研课题研讨会，通过对课题的咨询、点评和讨论，将本土的红木文化融入幼儿园教育之中，将游戏化课程的多元化开发与建构融入幼儿的生活之中，使课题组成员更加明确课题研究的方向和思路，更有信心做好本园课题的研究工作。

科研课题研讨会

本次活动为课题研究拉开了序幕、指明了方向，激发了教师们的研究热情，同时也是一场本土文化盛宴，让老师们感受了地域文化的多元性和丰富性，为幼儿园开展地域课题研究指明了方向，使课题组成员明晰了课题研究的思路。课题研究我们一直在路上，在新的课题里我们将再接再厉，努力前行，为幼儿园的教育研究工作作出更多的贡献。

广东省金仁萍名园长工作室"本土文化"课题研讨会圆满召开

2019年1月3日上午，广东省金仁萍名园长工作室课题研讨会在大涌镇中心幼儿园如期召开，此次研讨会旨在为名园长工作室学员提供一个相互交流的平台，展示培养对象所在园课题研究成果，分享交流经验，聆听专家高屋建瓴的指导，助力园所的持续发展，引领学员的专业成长。

本次会议有幸邀请到北京师范大学李敏谊教授为工作室所属园及培养对象所在园现场把脉，综合理论与实践，就学前教育发展、课题研究实践路径进行了针对性诊断，并给予专业性指导。参与此次活动的还有中山市教育和体育局容彤副调研员、中山市教体局学前教育管理科陈丽娟科长、大涌镇党委李青汶副书记、大涌镇文体教育局李亮局长、中山市教育教学研究室学前教育陈思慧教研员、大涌镇教育事务指导中心周景照主任、大涌镇教育事务指导中心伍泳珊幼教专干，以及工作室的入室学员、网络学员共70余人。

金仁萍园长用热情洋溢且充满诗意的欢迎词拉开了序幕，她首先向李敏谊教授的到来表示了热烈的欢迎，然后回顾了2018收获满满的一年，激励学员们在2019年继续用心、用爱、用情提升教育品质。希望能够借此机会，汇聚工作室内名园的优质经验和智慧，在专家的引领下，深入思考课程建设的思路和园所发展方向，共同推进中山市学前教育的发展。金园长还特别创作了一首励志而应景的诗歌《新年畅想》作为讲话的结束语，引来了现场热烈的掌声！

五所园所进行了课题汇报，她们立足自己所在镇区的实际情况，分享了各自开展的关于地域文化的课题，分享已有的成果、阐述正在做的尝试，分别从不同的角度进行汇报。李敏谊教授针对各园的汇报情况进行现场点评与指导。

邹飞珍，大涌镇中心幼儿园副园长，作"以'仁'为本，筑'润'童年——课程游戏化背景下本土红木文化资源融入幼儿园教育的实践活动"课题汇报。邹副园长从大涌镇地域文化背景、"仁·润"教育解读、"仁·润"课程框架、分享案例几个方面展开，以"文化浸润成长"为核心，详细地解读了园所的"仁·润"地域文化课题。最后以"传统文化大观园"为例，向大家阐述了课程实施的方法，分享了园所课程内容选择的角度和思考。

大涌镇中心幼儿园副园长邹飞珍

刘剑辉，沙溪镇中心幼儿园园长，作"本土文化融入幼儿园课程建设"课题汇报。刘园长分别从沙溪镇中心幼儿园先后开展本土文化课题情况和课程体系两个方面展开汇报。她重点介绍了课程体系的开展，从建立本土化资源库、明确选编原则、确定目标、构建框架及有效途径等几个方面着手，向我们描绘了沙溪镇中心幼儿园本土文化课题的开展情况。

沙溪镇中心幼儿园园长刘剑辉

陈湛，小榄镇明德中心幼儿园副园长，作"基于思维导图的地域文化生成课程实践研究"课题汇报。陈副园长依次介绍了小榄镇明德中心幼儿园的课题简介、案例分享、活动后思考和努力方向。该园以"菊芳引蝶，仁润童年"为题，从小、中、大班级开展了系列菊花专题活动。接着，她以K3A班亲子游菊花园活动为例和大家细致地分享了课题开展思维导图的情况。

小榄镇明德中心幼儿园副园长陈湛

郝利君，坦洲镇中心幼儿园园长，作"坦洲咸水歌在幼儿园一日活动中实践"课题汇报。郝园长从研究背景、核心概念、国内外研究现状、选题的意义和价值、研究目标、研究方法、研究进展和路径、现阶段成效等几个方面逐一展开，详细地介绍了坦洲镇中心幼儿园的课题开展情况。她通过组建咸水歌社团、参观咸水歌展览馆等方法实施课题的开展，让我们领略地域文化的精彩。

坦洲镇中心幼儿园园长郝利君

张亚林，南朗镇中心幼儿园副园长，作"主题式的幼儿园乡土化建构游戏开发与策略研究"课题汇报。张副园长通过大量的幼儿园乡土化教学活动建构作品照片，向大家展示了该园开展根植于乡土文化的系列主题活动。然后从课题研究背景、课题基本认识、研究策略、研究经验、研究困惑与思考等方面展开汇报，通过激发儿童爱家乡的情感这种方式，将民族精神代代传承。

南朗镇中心幼儿园副园长张亚林

北京师范大学李敏谊教授用风趣幽默的语言讲出了幼教人内心深处的渴望与追求，一针见血地指出了学前教育的现状与困境，她从五位园长的课题分享中充分肯定了中山幼教人的努力与付出，并针对课题的开展提出了很多极具指导意义的建议和意见，她既对每个课题做出有针对性的评价，又站在更高的位置对地域文化这个总课题提出了更高、更具体的要求。

北京师范大学李敏谊教授点评

幼教队伍的进步与发展离不开专家的引领，李教授的指点迷津，使我们前行的方向更加明确，步伐走得更加坚定。相信在李教授的指导下，在《广东省中小学名教师、名校（园）长工作室工作指南》和《广东省中小学名教师、名校（园）长工作室的管理办法》的指导意见下，及工作室主持人金仁萍园长的带领下，工作室一定会凝聚各方实力，寻求共同模式，各自谋求发展，成就自我风采。

金仁萍园长为北京师范大学李敏谊教授颁发了聘书，意味着广东省金仁萍园长工作室又注入了一股强大的力量，这股力量将引领工作室迈向更加美好的明天。

金仁萍园长为李敏谊教授颁发聘书

中山市教育和体育局容彤副调研员发表讲话，她代表中山幼教人对李教授亲临指导表示了衷心的感谢，并情之切切、真实而动容地向李教授介绍了中山学前教育的现状、相关政策以及未来的发展前景，她的讲话朴实却充满力量，这种直面困难的勇气就是我们学习的榜样！她还特别感谢李教授对中山幼教人的鼓励与肯定，希望李教授能多来中山，将北京好的经验和做法带到中山来。

最后，她高度赞扬了金仁萍园长作为工作室主持人，为镇区学员搭建交流与学习平台，鼓励大家在李教授和金园长的引领下，牢记学前教育工作者的使命感和责任感，深耕细作，提升专业内涵，抓住幼儿园发展的核心问题，传承本土文化，切实推动学前教育事业持续发展。

中山市教育和体育局容彤副调研员讲话

在短短的半天时间内，每一位参会人员都意犹未尽、收获满满，不仅聆听了不同园所对课题研究的思考与探索，更收获了李教授对学前教育长远发展方向的真知灼见，饱飨了教育精神之大餐。

幸福回望，未来可期。工作室有着强大的专家力量、团结一心的队伍，相信未来我们既能仰望星空，又能脚踏实地，未来，我们共同期许——精彩永不停！

广东省金仁萍名园长工作室大合照

第二节 学员子课题开展情况

工作室主持人所在幼儿园大涌镇中心幼儿园课题活动

一、常绿树和落叶树

本期课题分享为大家带来的是广东省金仁萍名园长工作室助手闫帅副园长所在园大涌镇中心幼儿园开展的课题相关活动——《常绿树和落叶树》。

1. 设计意图

在渗透颜色的秘密这一主题活动理念中，使幼儿在一日活动，在自主的探究中感受颜色的奥秘。随着冬季的到来，老师试着将冬天的季节特征与颜色相结合，在让幼儿感受落叶树树叶的黄色与常绿树树叶的绿色视觉冲击的同时，通过幼儿自主的户外探索，了解到颜色所传达的自然讯息，真正地感受颜色的奥秘。

2. 活动准备

常绿树和落叶树图片、户外探索捡树叶（绿叶、落叶）

3. 活动过程

（1）老师以舞蹈的形式导入，引起幼儿的兴趣。你看！孩子们跳得真棒！

（2）出示常绿树和落叶树图片，了解常绿树和落叶树的特点。

请小朋友来找找，哪些是常绿树叶子呀？张冉熙小朋友说："全部都是绿色的。"

小朋友回答问题

还有哪位小朋友知道落叶树的叶子又是怎样的呢？严颜小朋友说："它们是黄色的。"

小朋友回答问题

小结：其实在冬天的时候，叶子在树干上睡觉的那些树的名字叫作"常绿树"；在秋天的时候，黄色的、红色的叶子落在地上睡觉的那些树的名字叫作"落叶树"。

（3）请幼儿到户外观察落叶树与常绿树，获取直接经验。了解颜色所传达的自然讯息。

二、书香传世，诗礼传家

以4月23日"世界读书日"为契机，积极响应"全民阅读"的号召，读经典著作，塑家风家教，大涌镇中心幼儿园开展了"书香传世，诗礼传家"传统文化读书节活动，并在4月3日顺利举行了启动仪式。

上午9：00，幼儿园大堂传来了阵阵吟诵声，启动仪式在大家的期待中拉开了帷幕。首先是国学经典朗诵快闪活动，孩子们通过音乐、舞蹈等多种艺术形式烘托作品内容：大班的孩子舞动着手中的太极扇；中班的孩子响起了铿锵有力、声情并茂的声音；小班的孩子身着古典服饰而萌态十足，诵读了优美的经典诗文，演绎了中华千古美文的神韵。

接着，谢君悦老师和大班的肖一泓、沈楚柔小朋友，倡议全体师生走进经典、沐浴书香、传承美德，号召师生努力成为爱读书、会读书、读好书的人。

"孩子们你们喜欢读书吗？请喊出你们的读书口号吧！"随着主持人的提问，孩子们精神抖擞地喊出本班读书节口号，并大胆与主持人进行现场互动活动，稚嫩的声音，自信的笑容，点燃了大家的视觉和听觉，掌声和喝彩声一次比一次热烈。

活动现场

最后主持人宣读了本届读书节的活动安排，此次读书节活动内容丰富，师生、家长共同参与，包含读书沙龙、亲子研学、文化体验、主题讲座等五大活动，读书活动可线上线下同时开展。

又是一年春草绿，正是芳菲读书时。读书节启动仪式在浓郁的书香氛围下圆满地落下了帷幕，而丰富多彩的读书活动才刚刚登场，让我们共同期待读书月里的一个又一个精彩活动吧！

三、树枝大变身

自然是孩子最好的伙伴，一切自然中的事物都对孩子有着美的启发，树叶缓缓落下树梢，有些枯枝会断落，成为冬天里的独特景象，冬天枯萎的树枝就是能够启发孩子想象力的自然素材。小孩子捡树枝最喜欢比比长短，或者敲敲打打，只要教师用心引导，小孩子会发现更多树枝的价值用途。

美工课前一天，老师收集准备了一些干净、形状不同、长约20～40厘米树枝。太阳出来了，老师早早来到教室，为孩子们上课做准备。孩子们开开心心地穿着幼儿园为美工课准备的小围裙。

老师开始上课啦，首先出示了树枝图片，告诉孩子今天的主题就是"树枝大变身"。

第四章　探索有根有魂、有趣有乐的教育实践

吴老师上课

老师先做示范，手握树枝，或者把树枝立起来，上色，涮笔，再上色，创作……，老师讲得仔细，孩子们听得认真！老师很神武，三下两下就完成了。小朋友们纷纷跃跃欲试，对树枝创作充满了兴趣。

老师一声令下，早就手痒痒的孩子们兴奋地忙了起来。瞧瞧！都知道涮笔了！

"看我的，我要画七彩色！"

"我要画得很漂亮，我想要得到老师的表扬。"

"老师夸奖我了，还帮我加了工，我的小木棍更漂亮了，我要让它更完美。"……孩子们七嘴八舌地讨论着。

随着时间的流逝，孩子们的作品也完成了，"树枝大变身"，变，变，变，怎么样？我们的孩子厉害吧？大家快快来欣赏吧！

幼儿和作品合照

反思总结：

通过此次艺术领域的活动，让幼儿收获了快乐与知识，充分利用幼儿身边常见的材料，加以创造，渲染出了不一样的效果。让幼儿亲自动手操作，而不是机械表面地看图片；幼儿在活动的过程中可以发挥出无限的想象力与创造力，同时也培养了幼儿的审美素质；更是让幼儿在艺术创作的过程中感知到了乡土文化魅力的所在，做到真正意义上的"教育即生活，教育即生长，教育即经验"。

四、木和玻璃

本期课题分享继续为大家带来广东省金仁萍名园长工作室所在园——大涌镇中心幼儿园开展的本土文化红木课题相关活动"木和玻璃"。本次分享以木和玻璃两种物质为研究对象，运用浮与沉的内在原理，科学化地进行试验，让幼儿基本感知木与玻璃的不同，更有效的认识与了解它们。最后通过寻找生活中的木制品与玻璃制品，回归生活，贴近生活，通过理论与实际的有效结合，加深幼儿的有意注意，形成基本的认知。

1. 活动准备

玻璃制品、木制品、一盆水

2. 活动过程

（1）感知木头和玻璃的不同特性。

师："大家看，老师的桌子上有哪些东西？"

师："小朋友我们一起来摸摸、捏捏，仔细看一看，你发现了什么？"

师："木头和玻璃有哪些地方不一样？"

彭梓熙小朋友说："木头是有点刺刺的感觉。"

李欣语小朋友说："玻璃凉凉的。"

师："玻璃是透明的，木头是不透明的，玻璃摸上去是滑溜溜的，木头摸上去是粗糙的、硬硬的。"

（2）操作实验，将玻璃和木块放入水中观察，引导幼儿大胆表达自己的想法。

师："大家猜一猜，如果将玻璃和木头放入水中，会怎么样？"

教师指导幼儿操作

（3）生活中也有很多玻璃制品和木制品，我们一起来欣赏一下吧！

木和玻璃的故事结束了，希望小朋友们在今后的生活中可以多多观察与注意，发现物品们不一样的秘密。我们下次见啦！

入室学员所在幼儿园沙溪镇中心幼儿园课题活动

一、小小萌娃玩转传承与创新

本期课题分享为大家带来的是广东省金仁萍名园长工作室入室学员刘剑辉园长所在园——沙溪镇中心幼儿园开展的课题相关活动"小小萌娃玩转传承与创新"。

过年啦！写春联、贴挥春，拓印开门大吉，做鞭炮，送祝福……迈进了十二月份的门槛，新年已开始向我们蹒跚走来，沙溪镇中心幼儿园为营造欢乐喜庆、祥和文明的节日氛围，开展了具有浓郁本土韵味的"小小萌娃玩转传承与创新"活动，和孩子们一起迎接新年的到来！

通过亲子研学，探索"鹤"的奥秘，制作沙溪过年美食，制作创意挥春、绘制迎春画；学习"年的由来"、十二生肖的故事、沙溪过年习俗、新年祝福语；体验舞龙舞狮贺新年、喊丁财、贴开门大吉、年糕年年高等风俗；节目表演、舞龙舞狮、环境布置等活动。

小小萌娃玩转传承与创新活动

二、沙溪居民的演变

为了更好地传承与发扬本土文化，将本土文化融入幼儿园的课程建设，有效地提高教师将本土文化融入建构游戏的组织能力，沙溪镇中心幼儿园特举行了大型建构游戏活动——"沙溪民居的演变"精品课程展示活动。本次活动由杨小慧老师组织，全园共15位教师参加了观摩。

为了更好地呈现这次活动，刘剑辉园长组织杨小慧、郑宇静、彭娟娟、杜绮琪四位教师组成建构小组。大家围绕沙溪丰富的自然资源、故居遗址等线索，根据孩子的兴趣及年龄特点确定了本次大型建构的主题——沙溪民居的演变，通过引导幼儿初步探索、组合建构、分组设计、成品展示四个部分逐步开展。

活动开始前，刘园长向前来观摩的老师介绍了本次活动的目的及相关要求，并把观摩老师分成两组，让老师们有目的地去观摩，并做好记录以及结合《指南》进行分析，找出改进措施等。

活动开始了，只见幼儿在游戏中和同伴合作交流，运用多种建构方法进行建构，搭建出了现代住宅小区、大型超市、隆都医院等现代幼儿较熟悉的建筑，古代建筑则搭建出木头房子、蚝壳屋、拱桥等建筑。整个活动孩子们积极主动、大胆创建、不畏困难，在建构的过程中遇到困难、问题都能够积极地想办法与同伴一起解决。

建构作品

此次活动，无论老师还是孩子都有了很大进步，他们对沙溪的民居变化有了更丰富的认知。教师对古代民居和现代民居的造型、建构方法、建造意义等方面进行了多次探讨、研究。幼儿通过研学的方式去寻找和比较身边的特色古代民居和现代民居的特点,通过亲身的经历加上自己的创想,设计出了自己心目中的古代民居和现代民居,再以游戏的方式进行了建构。幼儿在这次游戏中合作、交流、动手等各方面能力都得到了很大的提高,同时也感受到本土文化融入游戏的快乐及建构成功带来的喜悦。研讨活动也为老师们搭建了学习平台,为本土文化课题开展奠定了基础,提高了老师们的教学研讨及组织能力。

三、研学之行始于"圣狮"

本期为大家带来的是广东省金仁萍名园长工作室入室学员刘剑辉园长所在的幼儿园——中山市沙溪镇中心幼儿园所开展的教师"圣狮"研学活动回顾。沙溪镇中心幼儿园紧扣工作室地域文化总课题,深入挖掘本土资源,提升教师理论素养。下面让我们一起来回顾一下吧!

为了更深入地了解身边的民俗文化、挖掘本土资源,更好地开展本土文化课程,2019年4月24日中午,沙溪镇中心幼儿园的老师们利用休息时间邀请圣狮村团支部副书记阮嘉诚开启了研学之行——"圣狮"村本土文化研学活动。

中午时分,灿烂的阳光照射下来,正如老师们学习的热情,火热火热的……

研学第一站:阮家大宅。一进巷子,老师们就被这座大宅的外观吸引住了。外观保留着古建筑的传统建造,最引人注目的是外观上的雕花,栩栩如生,经过嘉诚副书记的讲解和介绍了解到,原来这座阮家大宅是以前华侨建的第一代中西合璧的房子,经历了时代的变迁,拥有着深厚的历史故事。老师们听得津津有味,不约而同拿出笔和手机,记录、保存有关的信息。

跟随着嘉诚副书记的脚步,我们来到了隆都古码头,这里基本保留了古码头的旧貌,结合现代化的一些元素,将古码头的情景重现在我们面前。

期颐偕老牌坊——据说是清代一对夫妇同登百岁时御赐留下来的,是中山市仅剩的两座半牌坊中的一座。

团益公会——建于1913年,前厅是阅览室,后座为赠医局——为村民诊疗疾病的地方。后来又增设了西医和西法接生。团益公会是华侨、港澳同胞关怀桑梓的象征。如今制作了展板,用来展示圣狮村的本土文化、人文地理、风俗风貌等。

最后一站是圣狮民俗馆。这里有着关于"圣狮四月八"丰富的民俗文化内容。嘉诚对圣狮村本土文化结合"圣狮四月八",向老师们做了精彩、详细、耐心的介绍和讲解,老师们认真、专注地听取信息,还不时向嘉诚咨询自己在教育教学过程中开展本土文化知识时遇到的困惑和疑问等,嘉诚都一一做了回答。

研学现场

通过短短的一个半小时的实地研学活动,让老师们对圣狮本土文化有了更深厚的了解,相信每位老师都会将研学活动中的所见、所想、所感在自己的教育教学实践中进行尝试,让我们的本土文化课程开展、形式和内容,更深入、更丰富多彩。

沙溪镇中心幼儿园课题活动合照

四、"本土文化"游戏研讨活动

本期课题分享为大家带来的是广东省金仁萍名园长工作室入室学员刘剑辉园长所在园——沙溪镇中心幼儿园所开展的地域文化教学相关活动——"本土文化"游戏研讨活动。沙溪镇中心幼儿园一直致力于本土文化课程的研发,并把本土文化融入幼儿自主游戏中。"民俗文化"区是该园本土文化特色最为突出的区域,为了能推进幼儿自主游戏的深度开展、优化幼儿自主游戏活动、继承和发扬本土文化,幼儿园课题组老师围绕"民俗文化"区开展了一次"本土文化"游戏研讨活动。

首先由冯永媚老师讲述"民俗文化"区域的现状以及所遇到的问题:游戏空间的创设和材料投放、教师的观察与介入、区域的核心经验与如何推进。

民俗文化区域设计

教师们分成两组,在级组长的带领下结合《3~6岁幼儿学习与发展指南》精神,分别对"民俗文化"区域的设计意图、目标、活动组织、存在的问题等方面进行了研讨。活跃的研讨气氛、老师们的思维碰撞,给"民俗文化"区注入了许多新元素。

最后由每组的组长将研讨的内容进行了反馈,该区域负责人尚老师在聆听各组反馈后,对日后区域的发展有了新的启发。

第四章　探索有根有魂、有趣有乐的教育实践

小组汇报

"研无止境，快乐教研"，本次园本教研活动的开展以"世界咖啡"的模式开展，为老师们创设了轻松、愉快的研讨氛围，同时也有效地提高了教师本土文化课程游戏化的设计与组织能力。

本次"民俗文化区"的研讨只是幼儿园"本土文化"游戏系列研讨活动的开始，日后这样的园本教研活动会陆续开展，让幼儿园本土化游戏质量得到进一步提升。

入室学员所在幼儿园小榄镇明德中心幼儿园课题活动

一、品尝菊花美食

小榄菊花，久负盛名，在菊花飘香的季节里，各种美味的菊花食物也是琳琅满目，为了让孩子们从小就了解家乡的各种美食，我们K1B班举行了品尝菊花美食的活动。色香味俱全的美食吸引了孩子们的兴趣，活动受到了孩子们的欢迎。

菊花美食：

在活动前，我们充分利用家长资源，让家长们自由讨论与菊花有关的美食

有哪些，并向家长们征集了各种不同的菊花美食，最后选定了几款常见的、具有代表性的菊花美食给孩子们认识和品尝。

在活动过程中，我们将各种美食展示给孩子看，并通过逐一介绍的方式，让孩子们初步认识了各种不同的菊花美食。孩子们个个认真倾听，期待着品尝美食。

菊花美食

接着，我们通过自助餐的方式，让孩子们自由选择自己喜欢的菊花美食，在边吃边聊的快乐的氛围中，孩子们对菊花美食有了进一步的了解。活动结束后，我们还让孩子们收拾整理自己的桌面，养成良好的生活卫生习惯。

品尝菊花美食

通过看、听、品尝等多种方式，调动孩子的多种感官让孩子们去了解菊花美食，特别适合小班孩子的年龄特点。在后面的活动中，我们将进一步渗透菊花文化，用多种方式培养孩子们这种爱家乡的情感。

二、菊耀童年

一年一度的小榄菊花会是小榄乃至中山市的一张亮丽名片。如果把这样一个盛会交给一批五六岁的小朋友来举办,那会是什么情形呢?让我们共同参与、见证孩子们举办"菊花会"的奇妙历程吧!

这两天也是我市入冬以来最冷的两天。然而,骄傲的冷空气却丝毫不能阻挡家长和孩子们的热情。家长们一早就陪同孩子来到幼儿园,生怕会错过任何一个精彩瞬间。

给孩子们讲授菊花的相关知识和插花技巧

爸妈齐上阵,一段段精彩的讲解、一幅幅生动的图片,孩子们已经摩拳擦掌、跃跃欲试,插花活动随之展开。"有备而来"的家长也纷纷摆开架势,与孩子一起"动起手来"削花泥、剪花茎,忙得不亦乐乎。

菊花会建构:

余老师带着孩子们来到操场建构区,开始了"菊花会主会场"建设项目。孩子们行动迅速,畅快淋漓,搭建起一个个充满创意和想象的造型,并结合插花进行"造景"。

建构作品

自我讲评：

孩子说：今天可以和爸爸一起搭建，好开心哦，希望下次爸爸妈妈能一起来。

家长说：想起他小时候哭哭闹闹和彷徨的眼神，对比今天的表现，真是百感交集。

老师说：让家长们更直观、真切地见证了孩子们的成长与变化。

三、菊花朵朵开

菊花飘香，菊韵满园：

菊花飘香，菊韵满城，小榄人素爱以菊传情，以菊会友。在小榄镇举行一年一度的大型菊花展之际，为了弘扬民族精神，传承本土文化，小榄镇中心幼儿园特组织了主题为"菊花朵朵开"的开放日活动。本次活动的流程：早操、早餐、"菊花"时装秀、亲子"菊花"美食会以及亲子"菊花"运动会，家长们都积极参与了其中。

一大早，中一班的小孩子们在爸爸妈妈的陪伴下，精神抖擞地来到幼儿园，积极参加早练早操活动。伴随活泼轻快的旋律，小朋友们舞动着身姿，绽放着笑脸，锻炼出强劲的体魄。

早餐过后，小朋友和家长们共同来到三楼的多功能厅。孩子们换上与爸爸妈妈一起制作的菊花服装。

瞧，有可爱的菊花仙子，有帅气的西部牛仔，有美丽的花花公主，还有烂漫的小天使……各式各样的造型彰显出爸爸妈妈们的手艺别出心裁、创意无限。朵朵菊花绽放在小朋友的衣服、裙子和头饰上。由欧阳老师拉开活动的序幕，紧接着，小朋友们在节奏感强烈的音乐声中一个个自然大方地走向舞台，阳光、自信地在家长们面前展示各种各样的姿势，仿佛在告诉爸爸妈妈：谢谢你们精心准备的服装，更谢谢你们见证我的一路成长。台下的家长观众掌声不断，纷纷为小朋友的可爱造型喝彩，同时为小朋友的出色表现感到惊讶。

服装秀

"菊花"时装秀结束，大家回到课室准备"亲子菊花美食会"。这次的菊花美食是由各位家长带来的，或是亲手炮制，或是委托加工，或是到商店购买，都充分表现了家长们的心意。活动开始分别由戚佳铭妈妈和吴尚轩爸爸为大家简要介绍小榄菊花会的来源以及展示桌面上各式各样的菊花食品，有菊花汤圆、菊花糕、菊花糯米饭、菊花三宝，还有可以吃的菊花刺身，家长还特意提醒小朋友只有食用菊花才能吃。随后，家长让小朋友说说参观菊花会的感受，小朋友纷纷举手发言，说得头头是道。最后，小朋友们有秩序的品尝菊花美食，自己吃的同时，还不忘跟爸爸妈妈一起分享，大小朋友都吃得津津有味。

接着，在三楼多功能室，叶老师向孩子们介绍菊花的种类、颜色和开放的季节，此外还介绍了小榄菊花的文化，让孩子们了解这次菊花活动的意义。孩子们听得津津有味，仿佛置身在飘香的菊花世界里……

最后举行亲子"菊花"运动会，老师们精心设计了四个亲子比赛项目，包括"千里送花""蒙眼插花""抢菊花圈""运菊花球"。小朋友和家长们热情高涨,在一片欢声笑语和助威呐喊声中完成了各个比赛项目,考验了每个家庭的协作和默契。在最后一个游戏结束时,虽然小朋友们意犹未尽、依依不舍,但他们依然表现得淡定若然,轻轻地向爸爸妈妈们挥手道别。

菊花运动会

中一班"菊花朵朵开"开放日活动形式多样,以菊花为主题,让小榄菊花文化在新生代中得到了更好的传承,培养孩子们爱家乡、爱传统文化的情感,同时,寄学于乐,更有效地促进了亲子情感交流,让孩子从小学会感恩,而且更好地体现了团队协作的重要性。家长们纷纷为这次开放日活动点赞,更为自己的孩子变得更加成熟懂事、积极主动、独立自信而倍感欣慰。

"菊花朵朵开"开放日活动合照

四、邂逅菊园

为了更好地推广本土文化,让孩子们更多地了解本土文化风情,小榄镇明德中心幼儿园特组织K3-A班的家长们同小朋友开展了一次"菊园"邂逅活动。

那天阳光明媚，微风和煦，家长和孩子们一早就到达小榄菊花园的正门集合。在入场前，首先是老师、家长和孩子们进行大合照。

"菊园"邂逅活动合照

合照后，孩子们就分成三个小组，纷纷拿着老师派发的任务卡，和家长们一起兴高采烈地开始"探险"之旅。任务卡上共有六处景点需要孩子们打卡，他们看着自己爸爸妈妈手机上预先下载的菊花园地图，和小伙伴一起研究到达相应景点的最短路线。

每到一处，孩子们都认真地在卡上相应的景点上打上钩，并在爸爸妈妈的帮助下写下景点的名字。做好记录后，还与小组的成员一起和这些美丽的菊花造型拍下合照，留下一个个可爱的身影。

"探险"的路上，除了一个个宏伟的菊花造型引人注目外，一朵朵五颜六色、形态万千的菊花也让孩子们目不暇接，他们在忙着寻找任务卡上的菊花景点之余，也不忘驻足自己喜欢的菊花旁欣赏、研究一番。特别在名菊区内，品种繁多、个头大的名菊花更是引起孩子们浓烈的兴致。在那里，他们认识到原来菊花有很多的品种。

经过大半个早上的努力打卡，孩子们都在规定的时间内完成了老师布置的任务，并到菊花园里的光影动物园集合。老师为每一位认真完成任务的小朋友颁发了"小小探险家"的奖状，孩子们高兴地拿着奖状，与自己的爸爸妈妈合影留念，并且不忘给爸爸妈妈爱的抱抱，感谢他们放下工作，带自己去菊花园游览。

领发奖状

领完奖后，孩子们纷纷拿出了自己带来的零食，和老师、家长、小伙伴们一起分享。老师和家长们也借此机会闲话家常，增进了解。

愉快的"邂逅"菊花园活动结束，家长把孩子们送回学校午餐和午睡。孩子们纷纷表示这次游园既好玩又获益良多。

入室学员所在幼儿园坦洲镇中心幼儿园课题活动

一、铭刻伟人印记，陶冶爱国情怀

为了让孩子们了解伟大的革命先行者——孙中山先生，同时让孩子们为自己是一个中山人感到自豪和骄傲，从而激发孩子的爱国之情，坦洲镇中心幼儿园大三班家委会组织了这次参观孙文公园和孙中山故居纪念馆的活动。

活动当天，全体人员从幼儿园统一出发，先来到了孙文公园。在公园的草地上，老师带着孩子们和家长一起玩了几个亲子游戏，稍作休息便带着孩子们沿着花岗岩台阶拾级而上,很快就到达了山顶的平台。

孙中山先生顶天立地、高大威武的塑像便呈现在眼前。老师给孩子们生动地讲解有关开国之父的丰功伟绩,孩子们个个都说好厉害啊!合影留念后,我们就准备带孩子们进一步去了解孙中山先生!

参观孙文公园和孙中山故居纪念馆活动合照

午饭后,我们来到了坐落在中山翠亨的孙中山故居纪念馆。孩子们有序地排着队沿着林荫小路开始参观故居,右侧一栋红色两层小楼就是孙中山先生的故居,据说是孙中山先生亲手设计的。

教师带领幼儿参观孙中山故居纪念馆

随后大家又参观了孙中山纪念馆翠亨民居展览区,孩子们处处都感到好奇和神秘!最后孩子们依依不舍地离开了孙中山故居,在大门口孙中山先生的名言前合影留念，希望孩子们能铭刻伟人印记，陶冶自己的爱国情怀！

通过此次参观，孩子们对伟大的革命先驱孙中山先生有了更深刻的了解，他的伟大缘于他天下为公、心系民众的博大情怀；他的伟大，缘于他追求真理、与时俱进的优秀品质。此次参观，对家长和小朋友来说，都是上了一堂最好的历史课，受到了一次深刻的爱国思想教育。我们要继续发扬中华民族生生不息的精神，牢记历史，奋发图强，努力建设美好中国。

二、一双小巧手，剪出大智慧

为了弘扬本土文化，拓宽孩子的知识面，培养孩子的审美能力和手工剪纸的技能，增加幼儿热爱祖国、热爱家乡的情怀，使孩子们进一步对一些民间艺术产生兴趣，坦洲镇中心幼儿园特开展了剪纸主题创意活动。

剪纸是一种实用性强、表现力丰富、流行性最广泛的民间艺术活动。活动前，教师先准备了精美的花、鸟和十二生肖的动物剪纸作品给孩子们欣赏，充分发挥孩子们的想象力。在活动中孩子互相交流分享，他们对创意剪纸作品充满了好奇，孩子们用创造性的剪纸活动来表达自己的感受。

活动一：我认识的窗花

小朋友，你见过什么图案的窗花？在什么地方见过？

卉卉：我家的窗户上贴有福字的窗花，很漂亮。

皓皓：我见过十二生肖窗花，这些动物很可爱。

琦琦：过春节时，我们家贴了"年年有鱼"的窗花，真喜庆。

活动二：如何掌握剪窗花的技巧？

接着以集体活动的形式组织孩子们学习了剪窗花的技巧，一开始先引导孩子观察，从简单的形状、线条开始，逐步转入复杂的图形，在剪窗花时老师让孩子先学会折，掌握不同折法的同时，还要认识所折图形的中心角、中心角的对边和相邻边，认识清楚后，孩子们才不会把窗花剪断，剪散。

步骤：

①将色纸对折；②再对折一次；③剪出形状或剪成圆角；④展开成形。

幼儿参加剪纸活动

活动三：粘贴美丽的窗花

下面我们一起来粘贴美丽的窗花吧！教师把孩子的剪纸作品拿来装饰教室的环境，为孩子开辟了欣赏展示的天地，使孩子们建立自信心和成就感，在潜移默化中培养孩子对美好事物的向往，并提高他们的欣赏能力，让孩子从小就在充满艺术氛围的环境中受到教育。通过本次主题活动，孩子们的操作能力及动作的协调性有了很大的提高。

三、走近"非遗"，领略传统文化魅力

"妹呀咧，海底有珍珠咧……"这是咸水歌独特的旋律。咸水歌是疍民以生产生活为内容创作传唱的一种歌谣。咸水歌内容丰富，歌词质朴，音律动听，曲调婉转流畅。中山咸水歌，以坦洲历史最悠久，流传广泛，至今仍保留最传统唱法。2006年，中山咸水歌被列入第一批国家级"非遗"保护名录。

为了让孩子们积极参与咸水歌的保护和传承，使濒临消失的珍贵文化遗产得以保护、传承和发展，2018年12月21日下午，坦洲镇中心幼儿园咸水歌社团成员走出幼儿园，来到了位于坦洲镇坦南文化创益园的咸水歌展览馆，在展览馆里孩子们了解到咸水歌文化的起源和发展。

参观展馆

在参观展览馆的过程中，孩子近距离地接触到疍家人在20世纪60年代的生活方式、生活工具、服饰等，并模仿起疍家人的划船姿势，学起了疍家人的语言。孩子们还通过展览馆播放的咸水歌影像，首次感受到了咸水歌独特的魅力。接着由家长们带着孩子重走一遍展览馆，让孩子们说出对展览馆印象最深刻的地方，孩子们都乐在其中，还模仿起当年疍家人过大礼、担扁担的场景。

非物质文化遗产不仅是一个民族生生不息的根脉，更是传统文化源远流长的精髓。本次参观咸水歌展览馆的活动，让孩子们走近非遗文化，为非遗的传承发展播下希望的种子。相信在以后深入了解和学习中，孩子们更能感受到地方音乐的独特魅力，树立起民族的自尊心，自觉加入非物质文化遗产的传承与保护中，让咸水歌的未来传承更为广阔。

四、咸水歌《出海捞鱼心花开》

为了让孩子熟悉咸水歌的内容、旋律、韵味，经过商讨我们确定了以咸水歌《出海捞鱼心花开》作为本学期教学部分内容。我们就在每周五上午十点半组织学习咸水歌的孩子们在综合室进行歌曲教学。

首先出示了疍家人划船的图片，给孩子讲述疍家人生活背景及介绍捕鱼的工具。接着结合孩子们的年龄特点和学习特点，我们播放了由一张一张根据歌曲的含义排列而成的图片制作而成的幻灯片，通过幻灯片让孩子更清楚地了解歌词的内容，便于孩子熟记歌词，然后用粤语教孩子学习歌词。等孩子们对歌词熟悉后，我们开始进行旋律的教学。我们播放了歌曲的音频，让孩子们先听,来熟悉旋律,接着教师用粤语一句一句教孩子唱。我们还采用个别和分组形式让孩子们不断地熟悉歌曲。同时我们还引导孩子自己加上动作进行歌曲的演绎,孩子们非常积极与投入。

教师上课

经过老师的讲解,大部分孩子了解了歌曲的含义并能基本演唱得出来,取得了较好的成果;在幼儿园晨会表演中,有一位小朋友进行了演唱,赢得了大家热烈的掌声。

小朋友演唱

入室学员所在幼儿园南朗镇中心幼儿园课题活动

一、红歌颂祖国

为庆祝中华人民共和国成立71周年,讴歌党的丰功伟绩,南朗镇中心幼儿园结合师德教育工作开展"红歌颂祖国"迎国庆活动。全体教职员工用唱红歌的形式来表达对伟大祖国的无限热爱和对中国未来的美好愿景。

活动前,园教务处对上学年"中山市优秀教师""南朗镇优秀教师""南朗镇优秀班主任""南朗镇暑期阅读征文比赛"的获奖教师进行了表彰,王园长借此鼓励大家再接再厉,站好每一岗,为孩子们的成长提供更优质的保教服务。

颁发奖状

全体教职员工以一首满怀真挚的《我和我的祖国》拉开了活动的序幕,本次活动共分六个小组,节目表演形式多样,异彩纷呈:行政组的小合唱《今天是你的生日,中国》、厨房和安保组的合唱《我爱北京天安门》、小班级组的歌伴舞《没有共产党就没有新中国》、中班级组的歌伴舞《阳光路上的大中国》、大班级组的歌伴武术《中国人》、保健组的手语《国家》……共14个节目,最后由该园享有"最美声音"之称的邹秘娜副园长的一首《幸福中国一起走》结束本次歌唱活动。

节目表演

通过歌声,全体教职工喜迎祖国71岁生日,用歌声表白祖国,用歌声祝福祖国。充分体现了该园全体教职员工热爱祖国、积极奋进的精神。

二、寻找岭南文化之润

为了传承本土文化,弘扬民族精神,南朗镇中心幼儿园特组织大二班进行亲子活动。这天,大家早早起床,向着盼望已久的岭南印象园和广东科学中心出发了。

一路上,孩子们欢声笑语,心情无比激动!经过一个多小时的车程,终于到达第一站——岭南印象园。一下车,家长和孩子们都迫不及待地要集体合影留念。看,孩子们有的摆出爱心姿势,有的摆出花朵的姿势,有的摆出"耶"的手势,每个孩子的脸上都洋溢着幸福的微笑。今天有爸爸妈妈陪伴,是多么快乐的事情啊!

凉风习习,金色的阳光穿过绿色的树叶,映照在大家的脸上,把一张张笑脸染成了金色。在家长的带领下,孩子们参观了岭南印象园。在这里,孩子们看到了精致的岭南民居、小桥流水、绿树繁花和丰富多彩的传统岭南民俗表演,还吃到了地道的西关美食,其乐无穷。午饭过后,在导游的带领下,我们来到了广东科技中心。这里有许多展区,比如:人与健康、感知与思维、儿童天地、实验与发现、数码世界,等等。孩子们第一次近距离地走进科学,探索科学的原理,亲身体验科学世界的神奇,收获满满!

快乐的时光总是那么短暂,这次亲子活动也在孩子们的欢声笑语中圆满结束了。此次活动弘扬了本土文化,父母和孩子更亲近了,孩子也深深感受到父母对自己浓浓的爱。我们希望下次亲子活动早点到来,更好地传承本土文化,让幼儿在成长旅途中留下美好的回忆。

三、九九重阳节,浓浓敬老情

金秋十月爽,九九话重阳,为传承优良家风、弘扬中华民族爱老敬老的传统美德,南朗镇中心幼儿园结合重阳节开展了丰富多彩、形式各异的"话重阳"传统教育活动。

小班级组开设了语言"爷爷奶奶您辛苦了""九九重阳节"活动,培养幼儿从小关心爷爷奶奶的意识,鼓励幼儿为爷爷奶奶做力所能及的事。同时,也请幼儿讲述"我会为爷爷奶奶做什么事情""我为什么要帮爷爷奶奶做事""我想对爷爷奶奶说句贴心话"……表达对爷爷奶奶的感恩之情。

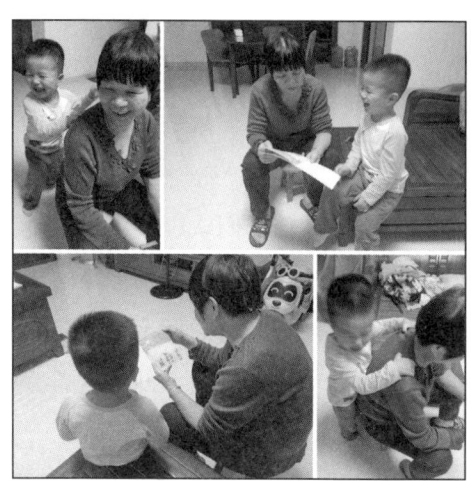

我帮爷爷奶奶做事

中班级组开展了角色体验游戏活动"我的家有几个人""给爷爷奶奶敲敲腿、捶捶背"等。活动中,孩子们通过角色扮演,懂得了关心他人,学会了尊敬老人、长辈。

大班孩子感恩家里老人的悉心照顾和满满爱意,用自己稚嫩、深情的语言为爷爷奶奶、外公外婆录送了一段段感恩的祝福视频。

重阳节，在这个具有教育意义的日子里，让孩子们用自己的行动来表达对老人的爱戴与孝心，一张张充满爱意的笑脸，一段段感恩的祝福，使老人们感受到孩子的成长与进步。通过此次系列活动，幼儿懂得了尊老爱幼的传统美德。

四、快乐建构，教研不断

为提高全体教师的专业素质，增强教师的游戏实践能力，南朗镇中心幼儿园的老师在张亚林副园长的带领下，围绕"主题式的幼儿园乡土文化建构游戏开发与教育策略实践研究"课题开展了小、中、大三个年龄组的建构游戏教研活动，游戏场地上充满了浓厚的研讨氛围。

小二班柏老师的《围合》为本次教研活动拉开序幕。小班级组针对小班孩子的年龄特点，有的班级以游戏的形式进行，如小三班的"送给小黄车的围栏"；也有的以情景贯穿活动，如小一班、小四班的建构游戏"给花园的围栏""动物的家"。中班级组甘老师根据本班的班级特色，利用乐高材料进行家乡"碉楼"的探索；还有连老师围绕"我的幼儿园"鼓励中班孩子尝试分组搭建……大班孩子的想象力、创造力丰富，同伴间合作商量和动手能力强，共同创作出让人惊叹的"大作"：大一班和大二班整齐划一，生动形象地呈现了"南朗海鲜一条街"；大三班孩子布局分明，创造出了令人难忘的"孙中山故居"。

幼儿建构游戏

在建构游戏活动结束后,由张亚林副园长担任主持,全体教师围坐一堂,利用中午的时间学习,结合《指南》《中山市精品课》的各项指标,围绕游戏课程进行研讨,有寻求解决办法的经验共享、有争论不休的切磋交流,教师间取长补短,集思广益。本次教研过程处处体现了教师间的互帮互助,在参与教研活动的过程中,教师们在"自我反思、同伴互助、专业引领"三个方面有了进一步的提升。

张亚林园长带领大家教研

南朗镇中心幼儿园的园本教研在园领导的带领下,坚持立足于"幼儿——教师——乡土文化"三个基点开展,扎扎实实、脚踏实地去解决日常教学活动中的问题,积极调动每一位教师探究的动力,鞭策着每一位教师从一名教书匠转变成学者型的教师,让教育之路越走越远!

第五章

培养仁爱之心、思学践行的优秀团队

经多年的实践探索，工作室总结凝练出了符合当地人文气息的幼儿园管理改革，即从中国深厚的优秀传统文化中去寻找幼儿园管理文化的立点，并与建构园所文化相结合，融入以人为本的特色管理。落实立德树人根本任务，以仁爱之心，树德行之本，用仁爱与智慧探索幼儿园管理真谛，形成以人为本的人文管理与教研培"一体化"的特色，注重团队间的团队精神，增强群体意识，使每位学员都能产生认同感和归属感，形成和谐气氛的团队环境，形成仁爱之心、思学践行的优秀团队。

第一节　学习心得与教育反思

入室学员沙溪镇中心幼儿园刘剑辉学习心得

秋风送爽、阳光舒适的时光，人的心情也会随着欢快起来。2018年11月1日，在这个特别的日子里，我有幸成为了广东省金仁萍名园长工作室的入室学员，成为了工作室的一分子。深感机会难得，于我而言这又是一次全新的洗礼。通过为期一天的学习，颇有感慨，收获颇丰。

上午参加了广东省金仁萍名园长工作室揭牌仪式，聆听了金仁萍园长分享的成长之路以及其所在幼儿园办园的特色"'仁·润'教育润校园"，下午开展了第一期研修活动，金园长以"家人之风"的对话方式，与大家进行沟通交流，场面温馨而愉悦。金园长的讲话让我进一步明白，作为一名优秀的园长，既要具备扎实的专业功底、较高的理论素养，又要了解最新的教育理念，还要具备教育科研能力，只有这样才能真正从平庸走向卓越。

接着，工作室助手闫帅重点从工作室基本情况、操作方案、进展情况、实施措施、各类制度创建、成员分工、个人成长规划等相关事项展开讲解和分析。工作室助手邹飞珍宣读了工作室三年发展规划和工作室各项管理制度，让大家进一步明确了工作室的内涵和工作任务、发展方向。

最后就由我们四位入室学员进行发言，大家都对能够成为金园长工作室的学员而感到高兴与自豪，也都相继表态，要向金园长学习，学习她认真工作的态度，要积极参加工作室的各项活动，发挥自身的长处，希望在金园长的带领下，各方面都有所提高。

一天的学习虽然短暂，但对于我来说，收获颇丰，感触多多。

（1）珍惜机会。作为工作室的一员，我会珍惜这样的学习机会，学习知识是一辈子的事情，不可能一蹴而就。要学习的东西太多了，我可以把工作室当作一个良好的开端，渐渐将学习培养成一种习惯，直到它成为我生活的一部分。时间是挤出来的，"没有时间和精力学习"不过是一种托词罢了。

（2）心存感恩。非常感谢有这样的学习机会，我会像海绵吸水一样在今后的工作室学习中汲取知识，努力提高自身的素养，不忘初心，努力耕耘于三尺讲台。我也会发挥工作室班长职责，协助好金园长开展好各项工作，为工作室工作顺利开展而付出自己微薄的力量。

本次活动，受益匪浅。金园长的精彩介绍，使我们工作室的成员们更加清晰了工作任务和目标，也为今后的工作室发展指明了方向。

入室学员沙溪镇中心幼儿园刘剑辉学习反思

在广东省金仁萍名园长工作室的关怀和带领下，我有幸来到了成都市参加2018年中国西部幼教年会活动。

学习培训虽已结束，但每每想起，总是心存感激，发自内心地感谢工作室对我们的倾力培养，也深深感受到各级领导对我们的良苦用心和殷切的期望。

这次培训，可以说是收获多多，感慨多多。在短短几天的学习中我们接受了一系列专题培训，接受了一次次教育思想的洗礼，心灵得到净化，办园理念得到提升，素质得到提高。在各位专家教授的引领下我也走进了教育内涵发展的思考，在深深的思索里产生无数碰撞的思想火花，可以说这一次学习让我受益匪浅、终生难忘。

下面我来对本次的学习培训进行总结：

一、培训内容丰富，针对性强，实效性强，收获颇丰

这次培训，内容丰富，精彩纷呈。无论内容还是形式都具有针对性、创新性和实效性。

聆听了多位专家的专题讲座。

本次西部幼教年会有许多令人尊敬和仰慕的专家教授，如段云波博士，宋忠良博士，台湾黄馨慧专家，中国蒙台梭利秘书长、蒙台梭利学院院长陈剑等为我们授课，使得我们有机会和专家们面对面、零距离地交流。几天来的学习，让我领略了他们的风采，分享了他们的教育智慧，提升了我们的专业素质，强化了我们的专业理论。教授们用一个个鲜活的案例和丰富的知识内涵对其进行了精湛的阐述，带来深深的理论引领。

台湾儿童暨家庭扶助基金会讲师黄馨慧老师，在《让我们欣赏孩子的真善美》讲座中提出：孩子所有的情绪问题都是从内在衍生出来的，要解决情绪或行为问题，必须探讨事物背后的原因，必须在"因"的层次下功夫，而非在"果"的层次下功夫。孩子的真善美需要我们有发现的眼睛，需要我们不断地进修与成长，扩大自己的"心"视野。

二、加强学习，开拓进取，努力做好自己的本职工作

本次培训大有收获，感触良多，教授们每次为我们精心准备的教学活动，和他们这种对工作高度负责的态度和敬业精神，让我敬佩的同时更多的是感动，也无形中感染了我们，使我们反思自己对待工作的态度是否一丝不苟、尽职尽责，对待教育是否竭尽所能、倾心奉献。为此我认识到必须始终地把学习放在第一位，只有扎实、认真地学习，才能扩展知识领域，更新知识结构，提高分析、解决问题的能力，进而提高自己的整体素质。

其次要深入实践。作为园长，不但要树立终身学习的理念，还要深入到班级听课，和教师、孩子零距离交流，脚踏实地地深入到老师和孩子内心深处，与他们做伙伴，建立师生感情、建立工作友情，真正从实践中获取新知，收到实效，做一名有热情、能创意、会判断的管理者。

总而言之，这次学习，感悟很多，感受很深，让我充分认识到自己水平的

不足、对教育认识的肤浅。古人云："他山之石，可以攻玉。"愿我园在借鉴外来先进经验的基础上，求真务实，开拓进取，开创沙溪中心幼美好的明天。

入室学员小榄镇明德中心幼儿园陈湛学习心得

2018年11月6日上午，我很荣幸地参加了广东省金仁萍名园长工作室课题开题报告会。

首先，金仁萍园长宣读了中山市教育科研2018年度市重点项目"课程游戏化背景下本土红木文化融入幼儿教育的实践活动"和广东省金仁萍名园长工作室研究课题"幼儿园地域文化'仁·润'教育的探索与研究"的开题报告，从课题的提出、理论依据、课题界定、研究目标、内容、思路、方法、步骤、预期成果及组织保障等方面作了详细的汇报。

先是请中山市教育教学研究室学前教育教研员陈思慧老师对两项课题的开题报告进行了点评。首先她表示，以地域文化为切入点，选题上新颖且富有文化意义，培养孩子爱家乡的情感，了解家乡文化要从身边开始，这一课题研究对老师和小朋友都是十分有益的；其次对课题在研究中应重点突破的方向、研究方法和工具的选择、研究方案的改进，以及预期成果等方面提出了建设性的意见和建议。陈思慧老师提出自己的观点：游戏的课程化，幼儿多自主，老师要多观察、记录，运用视频、拍照的方式保存资料，发现儿童怎么玩、如何提高幼儿的能力，把幼儿的游戏状态整理出来，变成游戏故事，从一个小点开始观察，通过实践活动，促进老师专业成长，从而开展主题活动及游戏集、论文集、微课题。在区域游戏中可以运用混龄的方式培养老师专业发展的策略。

接着由湖北省中小学德育学会副会长李情豪园长对两项课题的开题报告进行了慷慨激昂的点评。在大冲沃土中寻找与红木有关的课题，在区域本土中挖掘，建议把红木变成玩具，高结构玩具、低结构玩具与红木颜色相近，让红木文化走进孩子的生活，主张游戏课程化，在红木文化如何走进孩子这方面进行更多的思考，促进老师与孩子的生命成长。促进老师与孩子成长才是至关重要的。听了李情豪园长的点评后，我深刻理解到课题研究并不难，课题研究是个路径，老师把每天的工作浸泡到快乐中，爱这份事业，就可以做得越来越好。

本次活动既是一场精彩纷呈的本土文化盛宴，让我充分地感受了地域文化的多元性和丰富性，对地域文化有了新的理解与思考，同时，也为我开展小榄地域文化课题研究指明了方向，使我对未来子课题的开展明晰了课题研究思路。陈老师的点评，也给了我更多的启示和灵感，我的开题报告也可以从这些方面进行修改完善。

入室学员小榄镇明德中心幼儿园陈湛教育反思

2018年11月24—28日，在肇庆学院老师们的精心组织下，广东省名师、名校（园）长入室成员培训班在肇庆和珠海举行，为期几天的学习，让我对教育有了新的理解和感悟，以下是我的总结与感悟：

在开班典礼上，肖院长的发言给了我很大的启发，带着问题学习，在学习中学会发现问题、分析问题、找出真问题，这是学习和研究的起点，也是幼儿园园长必备的专业判断能力。而阅读是提升专业能力的必经之路，肖院长勉励我们应该多读难度大一点、有深度的书籍，才能更好地促进我们的专业发展，这个建议让我感触颇深，幼教人，只有专业能力不断提升，才能赢得应有的专业地位与尊重。

在课程的安排方面，既有理论的学习，又有参观学校和幼儿园的实践活动，内容丰富多元。在肇庆学院的学习主要以理论为主，其间，我们聆听了冯大校长关于"教科研论文的写作"的讲座，他说论文是做出来的，论文的写作应该是立足于教学实践，从实践出发，及时总结自己教学的成果，在积累了一定的实践经验后，再尝试撰写理论方面的论文。其中他所讲到的"做一件事情，要把它做到极致,并把它用到极致""做事要有定力、有恒心、要坚持,不要总想着求新求变"等都给我留下了极其深刻的印象。湖南科技大学教育科学研究院、湖南科技大学教师教育领导小组办公室周险峰教授为我们作了《知识学习与立德树人的域外视域——美国教育观感》的讲座,他详细说明了如何从改变学习知识的方式为着力点去实现立德树人,如知识学习可以自由点、民主点、生活化点、活动化点,等等,这样独特的观点让我们对立德树人有了新的思考角度。

  肇庆学院的肖起清院长为我们作了《校园文化的回顾与建设思路》的讲座,他的讲座风趣幽默,妙趣横生。他从校园文化历史的记忆、校园文化建设的意义、校园文化建设的误区、校园文化建设的思路四个方面展开阐述,学员们对肖院长所描述的校园文化历史充满了好奇,个个都听得津津有味,尤其是说到民国时期时学生的制服、教师的地位,都引发了学员们深深的思考。肖院长从大量现实的问题出发,让我们能充满画面感地思考校园文化建设的相关问题,领悟到用心、用情、用智慧开展校园文化建设才会真正收到良好的效果。三天的理论学习,每个讲座,每个专家的观点都有可取之处,大量的信息需要在日后的工作中逐渐消化,并转化为行动,才能真正做到学以致用。

  结束了肇庆学院的理论学习,我们来到了珠海,对珠海八中和九州中学以及珠海金路华宁幼儿园进行参观学习。每所学校都很重视这次的参观学习,通过参观和讲座等方式让我们更全面地了解了学校办园理念和特色,给予我们很多的思考和启发。

入室学员坦洲镇中心幼儿园郝利君学习心得

  初秋的早晨,丝丝凉风吹动着短发,缕缕阳光扑闪在脸颊、扑闪在满含期待的眼里。广东省金仁萍名园长工作室集中研修的集合号已吹响,我作为一名入室学员,格外欣喜。

  上午,工作室启动仪式在各位领导、专家的见证下,在全市80多位幼教代表的期待中拉开了序幕,由中山市教体局陈丽娟科长亲自主持。金仁萍园长不仅分享了个人的成长之路、思想之花,还表达了对省市镇各级领导的感恩之情和作为中山市首个省名园长工作室主持人的责任与担当。接下来,由中山市几位名园长分享各自的精彩经验。最后,由工作室专家团队进行小结点评。

下午,我们入室学员和部分网络学员参加了第一次的见面会。会上,中山市教体局学前科魏娴副科长对工作室提出高要求,希望工作室能孵化出更多的名园长,能成为中山幼儿园园长成长的一支强而有力的助力器。接着,金园长以拉家常、讲故事的方式,向我们娓娓道出其个人成长的经历、工作室创建的初衷与历程,细致地分析了工作室的核心理念、工作理念、工作特色,具体运行策略和成长目标等,激励我们在工作室提供的平台中共同学习、共同进步,通过三年的时间定能绽放出朵朵金花。

这一天的每一幕如昨日再现,在我心中久久不能平静。德国哲学家雅斯贝尔斯曾说:"教育就是一棵树摇动另一棵树,一朵云推动另一朵云,一个灵魂唤醒另一个灵魂"。我想,我就是被摇动的那棵树,被推动的那朵云,被唤醒的那个灵魂。在金园长"仁爱、合作、创新、共享"的理念下,我一定能紧跟组织,不断思索,不断学习,向着专业的幼儿园园长努力迈进。

现阶段,我的反思及努力方向:

(1)把握现状。现阶段,我应该乘着名园长工作室之风,紧紧围绕在以金园长为中心的团队里,准确分析个人及园所现状,把工作中的问题以剥洋葱的方式一个一个剖析开来,找出差距,用团队的力量寻找解决的办法。

(2)制订计划。计划的制订关系到发现的问题后能否有效解决,所以找到不足后,应该找准方向,与我的团队共同制订出各项可落地的计划,同时,与工作室团队共同探讨计划的可行性。

(3)落实行动。"知行合一",所有的计划都将于行动中实现。我想,接下来的每一次见面,我都应带着结果来,带着问题去,在这样一次次循环不止的过程中,发挥工作室最大的功能,促进个人及园所的成长。

我期待,期待下一次的见面会,期待在金园长的带领下,与姐妹们共叙幼儿教育之现状,共聊幼儿教育之精彩,共筑幼儿教育之梦想!

入室学员坦洲镇中心幼儿园郝利君教育反思

2018年11月21—22日，我参加了广东省金仁萍名园长工作室送教下乡的活动。在此次活动中，我感受到了陈老师和陈湛园长执着的敬业精神。这两天我听了一节课，参与了两次现场教研，金仁萍园长分别向大涌镇岚田幼儿园和小榄镇西区中心幼儿园赠送优质教玩具。每个环节安排满满的，虽然会有点累，但收获也是满满的。

首先送教下乡的第一天来到了中山市大涌镇岚田幼儿园，陈老师为我们呈现了一节适合大班孩子年龄特征的绘本课"方格子老虎"。在整个故事中，巧妙而曲折的故事情节、直接的画面语言、别致的细节、幽默的表现方式、丰富而微妙的表情语汇都很容易被感觉敏锐的孩子捕捉到，让他们尽享阅读的乐趣；同时，让幼儿进行分组，五人为一组，共同把故事情节的小片段利用排序方式组合在一起，最后把组合的故事讲述给客人老师听，这是考验孩子们对故事的情节的理解，及增强孩子们的合作意识。

课程结束后，结合"方格子老虎"身上的特征进行课后延伸游戏的创想。首先分成三小组，按照主持人给出的问题："游戏对象是什么年龄段的孩子？游戏是什么？结合了《指南》中的那个领域？"小组的老师和园长们纷纷进行讨论并书写在大白纸上，讨论结束后请出小组发言人代表发言，最后邀请其他组的成员进行点评。教研活动中教师、园长们都十分踊跃地说出了自己的想法，并快速地合作完成任务。

送教下乡的第二天来到了中山市小榄镇西区中心幼儿园，陈湛园长与我们分享园本教研主题：进餐环节。陈园长首先展示进餐环节调查表的调查内容，就按照以上教师调查表反馈信息，总结了小班、中班、大班在进餐中出现的不同问题，以小组为单位展开讨论。随后，从众多的问题中挑出三个问题继续展开讨论，分析问题产生的原因，并就这三个问题提出调整的策略。老师们展开了激烈的讨论，气氛高涨，分工明确。最后由代表老师进行发言，其中前两位老师将发言的时间大概把控在五分钟内，但最后一位老师发言时间却是拖长到了十五分钟左右。因为时间把控的原因，陈园长对自己进行了及时的反思，是因为自己在主持时没有说明规则，没有明确地告知老师们发言的时间要求，才会有这件时间长短不一的事情发生，并且引用到，"教研就是要不断地反思，定下清晰的规则"上面来。接着陈园长还概括了进餐现状，成因分析及调整策略，进餐环节的要求及指导策略，进餐环节在《指南》中的体现等四个方面。小结时她提到餐后的范围不要太广，应让孩子有限度地进行选择餐后玩具，在进餐过程中老师不要有斥责的话语，让幼儿温馨地进餐。

最后陈园长还为我们分享"园本教研的实践与思考"，主要内容有园本教研室教什么，园本教研研什么，园本教研怎么研，园本教研应注意五大思考的大方向。她还提及教研的方向取决于教师们的需求。

教研分享结束后，金仁萍园长进行总结分享，她提到，送教下乡活动，是园与园之间搭建沟通的桥梁，继而互相学习、互相协助，提升乡村幼儿园园长的教学能力和教育水平。金园长还重点提到新时代幼儿园教师职业行为十项准则：一、坚定政治方向；二、自觉爱国守法；三、传播优秀文化；四、潜心培幼育人；五、加强安全防范；六、关心爱护幼儿；七、遵循幼教规律；八、秉持公平诚信；九、坚守廉洁自律；十、规范保教行为。期望教师们能利用工作室提供的平台，得到更多的收获，成为一名优秀的幼儿园教师。

这次送教下乡感动我的是这个活动的深厚意义，还有大家对幼教这个职业的热爱，对幼教职业的期望，对幼教职业的执着，这应该就是我们前进的动力吧！相信这次活动所学所得会是我今后教育教学工作中宝贵的财富。也祝愿我们的教育越走越宽阔！

入室学员南朗镇中心幼儿园张亚林学习心得

金秋时节，秋风送爽，桂花飘香，我们一路开车驶向大涌中心幼儿园。进入大涌，街道两边的景象已将我带入"隆都"文化的海洋，这里真不愧是诗人眼中的南国小镇。当我踏入大涌那一刻，她的历史文化、地域特色已深深吸引了我的眼球，让我眼前一亮。她的优雅和古朴、她的独特人文景观也正是中国传统文化的代名词。而大涌中心幼儿园的"仁·润"教育恰到好处地传承了大涌地域文化的发展。

2018年11月1日—11月9日，作为金仁萍名园长工作室入室成员之一，我带着激动与期待的心情来参加了广东省金仁萍名园长工作室启动仪式、课题报告会和科研课题研讨会等，有幸遇见李情豪副会长、彭盛斌主任、陈思慧老师等，专家们针对课题的开展做了点评，让我感受到专家们的教育情怀和专业引领。他们高度赞扬了金园长能将本土红木文化融入幼儿园教育之中，把文化传承、游戏化课程的多元化开发与建构融入教学之中，形成了开放、多元、童趣浓厚地方文化气息的校园文化。也对"课程游戏化背景下本土红木文化融入幼儿教育的实践活动"课题提出了指导性意见和建议，为课题的开展指明了方向。使我受益匪浅、收获满满。

更有幸聆听了金园长就课题"课程游戏化背景下本土红木文化融入幼儿教育的实践活动"进行的详细阐述，让我感慨万分。首先，让我体会到金园长是一位非常有教育情怀的教育人，是中山幼儿教育的领头羊，她用仁爱与智慧探索着幼儿教育的真谛。其次，我深刻体会到大涌镇中心幼儿园的教育文化根深蒂固，踏实严谨，能将传统文化与地方特色巧妙结合，在传承中不断创新发展，孩子们倍感幸福。再次，本课题将文化与幼儿游戏课程相结合，通过游戏让幼儿直接感知亲身体验游戏带来的快乐，在游戏中获取经验，为大涌镇文化发展奠定了良好的基础，为中山红木文化传承做出了贡献。最后，该课题研究本身具有独特性,发展了孩子主动乐学、思维想象、探索实践、大胆创新、交流学习的良好品质,将幼儿的学习融入生活,体现了生活即教育的本质特征。

活动最后所有学员与专家参加了"家乡情中国心,区域文化品读会",每位同行载歌载舞,宣传当地的地域文化,将大家带入了文化大餐,一首《中国心》将活动推向了高潮。

聆听专家讲座引领教师成长,这一周的学习活动是高质量、高层次、高品位的教研活动,让我倍感珍惜。通过参与活动让我进一步认识到园所的发展应扎根于孩子的发展,立足于教师专业成长,立足于园本特色,将传统文化和创新发展有效结合,才能办出具有园本特色的校园文化。

入室学员南朗镇中心幼儿园张亚林教育反思

这次培训内容丰富、形式多样,有专家专题讲座培训,有名师经验分享,有分学段到校园参观考察,有学员间的互动交流。专家和名师的教育理念、人格魅力和治学精神深深地印在我的心中。他们所讲内容深刻独到、旁征博引、通俗易懂、生动有趣、发人深省。虽然我不能做到照单全收,但他们先进的教育理念、独到的教学思想、全新的管理体制,对我今后的幼儿园工作无不起到引领和导向作用。作为一名业务园长,我深深知道自己肩负的使命和责任,在教育路上,在工作中,且行且思。下面把我此次的收获和大家分享一下。

印象一:专家讲堂,理念革新

专家教授们的新理念、新视野就像一壶陈年老酒,需要我们深深地闻、细细地品。湖南科技大学教育科学研究院周险峰教授发人深省的讲座《立德树人与知识教育方式的域外视野》激励我们顺应人的本性,做有情怀、有温度、有内涵、有创新的"四有"新时代教师。

肇庆学院肖起清教授的《校园文化的回顾与建设思路》,对从古到今、从国内到国外的意识形态的对比进行精辟分析和讲解,给我们带来大量信息和资讯，开启了我们与国际视野接轨、链接的纽带。

每个专家的讲座，每个专家的观点都是点亮我们教育革新的指明灯。

印象二：名师分享，心灵洗礼

省名师工作室主持人宗健老师睿智的大师风范、深刻的教育思想、超前的教育理念、鲜活的教育案例、典型的实践经验，震撼了我的心灵，给了我极大的启发。报告中宗大师提出的四个字"路、桥、心、情"、四个词"气概、严谨、耐心、浪漫"以及"Who are we？"等触发了我的思考，"从骨干到卓越——争当优秀入室成员"成为在座学员的共同心声。

正高级教师、享受政府特殊津贴的深圳市第二实验学校林伟副校长提到了"一个中心和三个基点""两个车轮的'单车'哲学"和"雄鹰的'双翼'理论"，他提出了"何为名师？"——"站起来是一座山"，内心始终坚定而自信；"坐下来是一本书"，有丰富的涵养，能让人一直读下去而不觉得乏味；"躺下去是一条路"，能帮助到别人，为人们指引方向。大师们精辟、独到的见解是指引我追随名师、名园长前行的指南针。每一次都感受到心灵的洗礼。

印象三：名校参观，智慧升华

每到一处参观学习，都让我收获多多、感触颇丰。各校（园）办学理念、办学特色、具体做法、学校办学思考及管理经验分享等，都让我感动于教师的用心付出，感叹于学校管理者的智慧情怀，让我深刻体会到"教育是一场修炼，教育应顺应孩子天性"这句话的内涵，更让我们学到如何让幼儿园更加专业、规范、更有特色的内涵发展。教育是有温度的，我们要用心去做教育，用孩子的视角去思考，放手孩子、相信孩子，给孩子精神自由和活动自由，让他们慢慢绽放，散发出童年应有的芬芳。启发我在日常工作中，以"笃志幼教、精心育苗、遵循规律、践行理念、激发兴趣、开启潜能、营造环境、寓教于乐"作为我的教育目标。

五天的培训学习虽然已经结束，但我深知有更重的学习和工作任务在后面。思想在我们的头脑中，工作在我们的手中，坐而言，不如起而行！路虽远，行则将至；事虽难，做则必成。让我们借广东省名园长"培训工程"的东风，巧用领导赋予我们学习的钥匙，重新树立终身学习的观念，增长知识才干，提高思想素质，做一名名副其实的广东省名园长培养对象，为中山市幼教贡献自己的一份力量。

第二节　地域文化活动课例或案例

入室学员沙溪镇中心幼儿园刘剑辉活动案例

民间游戏——"拍公仔纸"案例分析

【案例背景】

20世纪70年代的孩子在小的时候一定都疯狂地玩过卡片"公仔纸",这是一种男孩女孩都很热衷的游戏项目,那时候自由活动时间是离不开它了。可是现在,拍"公仔纸"这种本土民间游戏似乎离我们越来越远了,随之替代的是各种电子产品和昂贵的玩具,很少看见孩子们拿着公仔纸相互游戏、相互挑战、相互交流的情景。适逢幼儿园开展民俗文化课题,我们将久违的传统民间游戏回归到我们的生活中去。

【案例描述及分析】

在组织民俗文化课程活动中,我前后两次开展了"拍公仔纸"游戏活动,这两次活动在形式上有些改变,取得的教学效果也大不相同。

第一次教学:

教师出示各种各样的玩具吸引孩子们的兴趣,幼儿很快就进入到活动中来。以各种各样的玩具引出教师小时候的玩具——公仔纸。

1. 引导幼儿讨论、演示

(1)出示公仔纸,激发幼儿兴趣。——"这么小的一张公仔纸,你会怎么玩呢?"(请个别幼儿回答并示范)

（2）游戏。

① 选幼儿想到的两种方法集体来玩。——"下面我们一起来玩玩刚才小朋友想到的玩法吧。"

② 老师小时候的玩法。——"这公仔纸好玩吗？那小朋友想知道老师小时候是怎么玩的吗？"——"可我要请一个小朋友和我一起玩，首先我们两人手拿一张公仔纸，各举手掌拍，'啪'的一声便松手，让公仔纸飘落到地上，正面为胜，反之则败，败者就输掉一张公仔纸。"

这个环节其实教师欠缺提供有利于孩子探索、尝试的空间和时间，把固定的玩法规定了，孩子们没有体现出积极主动去探究的想法，教师在操作时还不够放手，应把主动权还给孩子。

2. 幼儿尝试操作——请幼儿两人一组来玩游戏

"现在，我们一起来玩这个游戏吧，看看谁是赢者，赢到对方的公仔纸。"

这一环节基本能体现孩子玩公仔纸的乐趣，但到了集体共同玩游戏的时候，孩子们没有区分怎样是赢，怎样是输。教师在引导观察时需要重点提出，这样游戏的乐趣才能更好地表现出来。

3. 结束部分

"小朋友，这公仔纸好玩吗？其实还有很多好玩的玩法，回家后可以和爸爸妈妈一起去探讨其他玩法，回来告诉老师好吗？"

分析：

本次活动的目标设计为：①认识公仔纸，激发幼儿去探讨其玩法，知道公仔纸是传统民间玩具之一；②在玩游戏中体验玩公仔纸的乐趣。

本活动在设计内容上基本能围绕目标去开展，但教师在活动时让孩子实际操作和亲身体验的空间和时间不多，从某种程度上讲，教师仍占主体地位，从而限制了孩子探索、尝试和创造的能力。为此，通过反思、探讨及咨询，我给活动内容换了一种引导和传授方式。

第二次教学：

第一环节：教师出示、欣赏公仔纸图片，激发幼儿参与热情。

第二环节：教师交代公仔纸的传统玩法。

第三环节：幼儿尝试玩公仔纸。（自由探索，可以不是老师的玩法）

第四环节：再一次尝试，通过刚才的尝试，让孩子再次想想、找找怎样更好玩。（同伴间的模仿、探讨）

第五环节：提出疑问，如不规定人数，多人合作玩，又可以怎样进行游戏。（传统玩法是两人游戏）

分析：

第二次教学活动中比较注重培养孩子的探索能力，有意识地把主导地位还给幼儿，留出更多探索的时间和空间去让孩子操作。在这节活动中，幼儿的兴趣浓厚，对于探索公仔纸的玩法表现积极，教师没有刻意地引导孩子去模仿同伴的玩法或教师的玩法，而是在这基础上让孩子在游戏中自发地进行模仿和探讨，整个活动气氛较活跃。

【案例反思】

从教师的两次教学中，发现教师观念上的转变使得教学活动有了新的突破，《3~6岁儿童学习与发展指南》中指出：要理解幼儿的学习方式和特点，在游戏和日常生活中不仅是要重视游戏的价值，创设相应的教育环境，更是要让孩子在游戏中养成积极主动、敢于探索和尝试的学习品质，真正地运用到我们的生活活动中去，这需要教育者有意识地去完善及转变。

（1）"最近发展区"原则。这里强调学习活动应该与儿童发展水平相适应，教学应走在发展的前面，教育教学内容既选择适合孩子的现有水平，又具有一定的挑战性，这就是我们平时常说的"跳一跳，更能体验成功"。满足孩子需要的同时也有利于长远发展。本次活动选择民间游戏是一种非常好的教育辅助手段，日常生活中幼儿对于传统游戏的认识有所缺乏，在教育教学中引入开展民间游戏，充分开发、利用，发挥其特有的教育价值，让幼儿通过这种兴趣浓厚的材料进一步培养敢于尝试和探索的品质。

（2）构建让幼儿成为游戏主导者的教学策略。改变以往传统教育中教师讲授、幼儿倾听或教师示范、幼儿观察模仿的模式，做到激发兴趣，鼓励孩子积极探索、有兴趣地专注观察、动手操作，需要孩子在实践中进行自主探索、找到答案、保持愉悦的情绪，从而使孩子始终成为活动中的主体。《广东省幼儿园一日活动指引》也明确提出教师在学习活动中的基本要求：充分满足幼儿观察、操作、体验的需要，引导幼儿发现问题，鼓励幼儿尝试通过合作解决问题。教育者作为引导者，应时刻进行观察，在必要时以间接方式介入游戏，尽量不影响幼儿的操作及想法，使其具备敢于探索、尝试的品质。

（3）从幼儿的身心健康发展出发，注重幼儿的学习品质。《3~6岁儿童学习与发展指南》提出：重视幼儿的学习品质。幼儿不能为完成某项技能或方法，而忽略了在操作过程中获取的经验和实践。在学习活动中，教师充分利用感兴趣的材料，创设相应的游戏环境，与幼儿积极地沟通互动，或引导幼儿之间自行开发其他方法玩法，或与幼儿喜爱的活动相结合，进行一物多玩、多用，反复利用等方式完成。在幼儿对一种用法失去耐心和兴趣时，转而采用另外的玩法，相同的材料，不同的玩法，让幼儿的好奇心和学习兴趣得到保护和尊重。逐步帮助幼儿养成积极主动、认真专注、不怕困难、敢于探究和尝试、乐于想象和创造等良好的学习品质。

入室学员小榄镇明德中心幼儿园陈湛活动案例

菊花汤圆

【设计思路】

我们根据菊花的主题，为孩子开展相关的活动，但考虑到班上本没有开展厨房区，孩子平时很少有机会亲自动手制作美食，同时小榄的菊花美食也是非常出名的，因此我们联系了家长，让他们把与菊花有关的美食引进班级中，为孩子提供不一样的体验。

【活动目标】

（1）引导幼儿学习用团、捏、滚等方式制作菊花汤圆。

（2）引导幼儿了解小榄的菊花文化及菊花美食。

（3）通过亲手制作，感受制作美食的乐趣。

【活动准备】

糯米粉、菊花糖、花生、紫薯汁、托盘、桌布、电磁炉、一次性餐具、汤圆制作过程的演示PPT

【活动过程】

1. 歌曲导入

"小朋友我们昨天学习了什么歌曲呀?一起来唱一次。"(团团转)

孩子们唱完后直接引入主题。——"今天我们的李彦宏妈妈和李健豪妈妈要和小朋友一起包菊花汤圆,让我们掌声有请。"

2. 李彦宏妈妈介绍汤圆的来源及制作材料

"小朋友们你们知道汤圆是怎么来的吗?它有一个小故事哦,同时汤圆也叫元宵。"(出示PPT)

"我们一起看看做汤圆需要哪些材料?"(一一介绍)

"小朋友们都知道了我们汤圆的材料了,现在有请李健豪妈妈展示如何做汤圆。"

3. 李健豪妈妈展示汤圆的制作过程

(1)准备面粉,把面粉倒进水中。

(2)揉粉,不断去揉粉,使面粉变成一团。

(3)压扁,拿一小团面粉,压成一张薄纸状。

(4)放馅。

(5)收口,搓圆。

4. 孩子亲手搓菊花汤圆

每组发一小托盘的面粉,让孩子通过团、捏、滚等方式来制作汤圆,老师及家长助教每人负责指导一组。

把孩子们亲手制作的汤圆分组放进锅里煮熟。(此过程组织孩子洗手,欣赏制作过程中的照片,观察汤圆在煮的过程中有什么变化)

5. 品尝菊花汤圆

每个小朋友一碗,让孩子们撒上菊花糠,感受菊花的香味及小榄人的饮食习惯。

6. 活动延伸

回家和爸爸妈妈分享今天的活动,并尝试用画画的形式来表示这次活动中令你印象最深的事。

【活动后反思】

本次活动是家长积极配合的一次关于小榄菊花会主题的一节美食课,在前期准备中很多材料都由家长来完成,我们老师更多的是协助家长管理孩子的常规。在活动过程中孩子们表现出很高的热情,很积极地参与到游戏中去,家长分工明确,熟练掌握自己需要讲解的内容,很熟悉包汤圆的步骤,讲解内容清晰,语言简洁,孩子有足够的时间可以搓汤圆,感受到制作美食的快乐,但是在制作完汤圆后,有部分孩子会把糯米粉扔到地下,孩子在等待过程中也略显耐心不足。

【其他评价】

谢峰:家长教态自然亲切、但是在过程中还是不够放手,没有充分发挥孩子的主动性。

彩茵:整个活动丰富多彩,为孩子提供了操作的机会,家长老师配合较好,给予孩子充分的时间,但是孩子没有看到汤圆煮熟的过程,下次可以小组为单位,让幼儿更完整地参与到整个活动中。

入室学员坦洲镇中心幼儿园郝利君活动案例

走出幼儿园 感受家乡美

【教学目标】

(1)增长孩子们的见识,拓宽视野,了解家乡的文化及发展。

(2)增强孩子们的民族自豪感,激发孩子们爱祖国、爱家乡、爱艺术的美好情感。

（3）了解20世纪五六十年代疍家人生活的所需物品和生活方式。

【教学准备】

（1）成立咸水歌社团。

（2）派发坦洲镇中心幼儿园"走出幼儿园 感受家乡美"活动方案。

（3）统计参加人数，并安排车辆前往咸水歌展览馆。

（4）让幼儿简单了解咸水歌的背景。

【教学过程】

导入：

在咸水歌展览馆的门口处，让孩子先观察一艘小船。

教师：这艘船是不是很小？如果让你们一家人都住在这艘船上，是不是会显得它更小呢？

教师：疍家人以前就是生活在船上的，在船上吃饭、睡觉、玩耍，他们没有真正的房子，船就是他们的房子了。

了解20世纪五六十年代疍家人生活的所需物品和生活方式。

教师：船尾有一双船桨，使双手共同滑动河水，船才能前进；船头有一张渔网，这是疍家人的捕鱼网，捕到的鱼可以卖钱，也可以当菜，如果有太多还能晒成鱼干留到下一顿吃。

教师：捕鱼还有一种工具，就是虾笼，看这边是大的，是入口，接着两端变窄，最后鱼虾都出不来了，疍家人就在虾笼的尾部拔开笼盖，倒出鱼虾，让它们成了当天的晚餐，而笼子也有大小之分，在不同的水域里使用体积大小不一的笼子。

教师：你们看这是什么颜色？是的，疍家人的服装喜欢使用的黑色，男生的衣服是中山装，上面的纽扣是用布做成的，而女生喜欢穿一个肚兜，这样可以装饰也可以防止衣服弄脏。

教师：你们看看这顶帽子跟平常的有什么不一样？对，这是疍家人使用的渔夫帽，这顶帽子的帽绳也是他们自己用小彩珠编制而成的，帽绳较为宽，这样就不会勒到脖子，让脖子有红印，女生还会在帽子上放一块三角形的小花布，这样可以遮挡更多的太阳。

教师：随着社会的发展，有条件的疍家人也开始上岸居住了，但渔船仍然是他们的生存工具。机器也慢慢融入疍家人的生活里。

教师：你们知道吗？以前船就是疍家人唯一的交通工具了，接着发展到凤凰牌自行车，再接着到绿色的嘉陵牌的摩托车。还有录音机、黑白电视、电话等都是他们生活所需的物品。

观看咸水歌的背景，倾听咸水歌的独特魅力。

（1）教师：你们听到的咸水歌，是不是把尾音拉得比较长？是的，这是咸水歌的独特的表现手法，当疍家人举行婚礼、丧礼等大型活动时他们就会用咸水歌来表达情感。

（2）教师：你们家里也有老人家是会唱咸水歌的，下次我们邀请爷爷奶奶来我们幼儿园唱给小朋友们一起听好吗？

教师小结：

（1）我们刚刚看了这么多关于疍家人的生活方式，也听了咸水歌，有没有哪个物品或哪个情节让你觉得印象最深刻？有的话，请你今晚把它用绘画的方式画出来，画种不限，并邀请妈妈为你们的画总结文字，写在画的旁边，星期一上交回来给我哦！

（2）现在请小朋友和妈妈一起去寻找你印象最深刻的物品，并记录下来，也可以和小伙伴们分享。

集合共同在咸水歌展览馆门前合影。

入室学员南朗镇中心幼儿园张亚林活动案例

走进侨乡　向幼儿传授碉楼文化

【背景分析】

我们的家乡——南朗。闻名于世的孙中山故居坐落在美丽的南朗镇。南朗历史悠久，文化底蕴深，历史遗产久负盛名。《幼儿园指导纲要（试行）》

就明确指出，要"充分利用自然环境和社区的教育资源，扩展幼儿生活和学习的空间。"把当地社区的历史文化场所和社会生活作为教育资源，让幼儿从社区人们的生活中体验到本土文化的深刻内涵和价值，感受到本土文化的悠久历史和博大精深，从而使幼儿产生对家乡文化、本民族文化乃至祖国文化的自豪感。我园一直倡导的是：回归生活的乡土文化主题课程的教育，以促进幼儿全面发展为目标，以建构园本课程体系为重点，充分挖掘农村自然资源和本土文化资源，不断丰富课程内容，使之成为幼儿活动、学习的素材。经过精心设计，大胆实践，逐步构建以"飘色""纸鸢""名人事迹""碉楼""南朗饮食"等为主的主题课程体系，让幼儿在丰富多彩的活动中勇于探究、创新，在参与生活、感受生活、体验生活、创造生活中发展。

1. 碉楼相关知识的收集、筛选、整理

主题确定后，我利用放学、周六日的空余时间到各个村落去寻找碉楼的痕迹，拍下照片作为素材，并询问各村落的老人家有关碉楼的历史背景，以及请教老一辈的教师收集相关题材，如：南朗上辈侨胞，在外国受歧视，千辛万苦，节衣缩食，经过十年八载，带着所有积蓄回乡，为了防御强盗、保护家人性命财产安全而建起碉楼。在南朗，凡有华侨的村庄都有人建起碉楼，分布较密的是东桠、关塘、赤坎、莆山、南塘、崖口这几个村庄。南朗碉楼风格各异，异彩纷呈，多为钢筋水泥结构，亦有底层砌石、其余上层砌青砖的。南朗碉楼大部分是三四层，碉楼不设阳台，更无飘窗，不是方形，就是长方形。一个共同特点就是稳固坚实。门窗不大，多为两重门，中间还有粗大的铁枝，每层楼梯都设有趟板作门，这样的设计既可防盗防火防洪水，还可以住人。第二层至顶层均有枪眼，用枪可以射击企图靠近碉楼周围房屋的盗匪，顶层露天围栏筑炮眼。南朗碉楼除底层外，四面开窗，线条简洁，天台都建有简单的小楼，内装木梯上落，当地人称之为"白鸽楼"或者"白鸽巢"。

系统了解相关知识后，对所掌握的知识和材料进行筛选，整理出适合本班孩子实际发展需求和能够接受的方式设计系列活动。

2. 亲子齐行动，碉楼进我心

（1）"寻碉"行动

陶行知老先生曾说过："大自然、大社会就是活教材，充分发挥本地自然资源的教育价值，带领幼儿走入自然，是孩子主动学习的重要途径，它不但能开阔幼儿的视野，解放幼儿的时间、空间，还能让幼儿在无拘无束的大自然中释放情怀、寻求大自然的奥秘。"根据陶先生的教导，我们因地制宜，按当地实际进行。在南朗地区，我们通过生动的形式让幼儿走进碉楼，进行乡土教育。碉楼分布广泛，要集中孩子前往各条村庄参观是不可能的。我们请家长协助，安排他们周末带自己的孩子到附近村庄看碉楼。通过家长的介绍和教师课堂上的讲述，孩子对碉楼的印象可牢记在心间。

在"寻碉"活动中，为让碉楼文化进入孩子心里，我们还设计了"我是碉楼小导游"的亲子作业单，让他们带着问题参观，亲子互动，大大提高孩子的兴趣。比如：让孩子从碉楼坐落的位置、外形、层数、门窗等，逐一观察判断。通过这样的活动，既可以培养孩子的观察力，又可以提高他们的语言表达能力，更加密切了亲情。此外，教师、家长与幼儿一起收集、寻找有关碉楼的图片，作为辅助材料，这样一定会收到良好的教育效果，碉楼这个概念，在孩子们幼小的心灵中会烙上时代的烙印，给以后进入小学打下基础。

（2）"造碉"行动

有这样一句话："我听到了，但随后就忘了；我看到了，也就记得了；我做了，我就理解了。"要让孩子真正认识碉楼的结构特征，通过"做"是最直接最有效的方法。

在进行"造碉"活动前，首先将意图告诉家长。在家长的支持下，利用课余时间收集一些正方体、长方体的盒子、光碟、纸巾筒、纽扣、瓶盖等废旧物品作材料。接着指导家长、幼儿制作碉楼模型。教幼儿先用小剪刀，模仿碉楼的外形制作。为了避免千篇一律，启发他们，运用手中的工具，回忆所见过的不同款式的碉楼，先画再剪最后贴。幼儿一边动手一边与同伴交流；一边对照图片，一边请教老师。这样不仅会激发孩子的创造力，而且增强了他们对家乡文化的认识。

3. 提供学习平台，拓展能力发展空间

（1）互相交流，促语言能力发展

《纲要》中提出：语言能力是在运用的过程中发展起来的，发展幼儿语言的关键是创设一个幼儿想说、敢说、喜欢说、有机会说，并能得到积极应答的

环境。为此，在日常生活中，我们经常为孩子创设宽松、和谐的语言环境，并通过多种形式、内容丰富的活动来促进孩子语言表达能力的发展。

活动一：猜测碉楼的作用

要培养孩子的语言表达能力，重要的一个环节是让孩子"多说""大胆说"。因此，创设一个"说"的环境是必不可少的。在组织教学活动时，我注重启发孩子说话的积极性，克服教师说、孩子听的旧教育理念。在"猜测碉楼作用"的集体活动中，我只准备了各色水性笔和几张卡纸，目的是把孩子的想法记录下来。在"寻碉"时，孩子对碉楼的作用或多或少有自己的想法。为此，整节课上，孩子大胆地猜测，无所顾忌，同时我鼓励孩子大胆说，说错没关系。因为我知道，如果教师把自己的想法强压给孩子，孩子只会跟着老师的思维走，孩子的发散性思维和创造性思维就得不到发展。此外，为了避免个别字词孩子不理解，我用了图文并茂的方式体现。孩子小休时，还自信地告诉同伴，哪句话是他说的呢！

活动二：投放"碉楼"图片

幼儿园本学期实施的分区教学活动，是真正体现以孩子为主体的教学模式。每天早餐后孩子都兴奋地选择自己所喜欢的区域，并积极参与各区域的活动。结合孩子近段时间对碉楼认识的热情，我把孩子"寻碉"的图片（家长提供的）投放在阅读区。自投放图片起，就打破了以往阅读区被冷落的局面。孩子进入阅读区后，自信地找到自己的图片并不时地与旁边的同伴小声交流，谈感受、谈发现。提供这样一个空间，让孩子感到轻松、自在，又不受干扰，畅所欲言。孩子们在交流的过程中，语言得到了充分的发展。此时，教师千万不要介入，可在旁边静静聆听。这样一方面是相信孩子的表现，另一方面孩子觉得自己受到尊重，说话的欲望更加强烈。

活动三："我是碉楼小导游"

为了让孩子多方位了解南朗各村庄碉楼的历史，我们开展了"我是碉楼小导游"的讲述活动，一方面为孩子提供一个说话的机会，另一方面培养孩子养成倾听的良好习惯。

由于之前已让孩子进行了"寻碉"活动，孩子在参观—完成亲子作业单—与家长一起解疑等一系列活动中，对所参观的碉楼有了更进一步的了解。以至于孩子在集体面前讲述时能做到大胆、自信、流畅。

播放录音——在汇报时,小导游竣竣首先大胆发言,他说:"大家好!我是大二班的小导游竣竣,今天我要带你们去参观位于南朗东桠村的碉楼,这栋碉楼有三层,有9个窗、1个门,还有很多小口,外形像城堡,楼顶像皇冠。南朗这么多碉楼,听大人们讲是用来防止强盗抢劫的,有的也可以住人。碉楼与我们现在居住的房子大不相同,门窗都是小小的。第二层以上有枪眼,通过枪眼可以射击前来抢劫的强盗。碉楼楼高墙厚可以防火、防水、防风,但设备简陋。东桠有一座碉楼是倾斜的,过去有人走过的时候有点害怕,其实从来没有发生过危险,几十年来,东桠人都叫它为斜碉楼。大半个世纪过去了,不管是当年的楼主,还是后来居住的外地人,住在那里都安然无恙。小朋友,东桠的碉楼特别吧!有空去看看,斜碉楼周围还有许许多多的碉楼,各具特色。我的介绍完毕,谢谢大家!"这样的活动,真正体现以孩子为主体的要求。

培养孩子的语言表达能力除了创设让孩子大胆"说"的环境外,倾听也是培养语言表达能力的一个先决条件,孩子在倾听中也能掌握知识、积累词汇。孩子在当观众的同时了解了关于南朗碉楼的一些历史,如:莆山陈关芳碉楼,在五十年代时曾是解放军某部驻榄边部队的司令部;六七十年代,唐家部队某连队张鸿运连长,曾带上他的连队进驻陆家碉楼,帮助崖口组织民兵建立边哨所;关塘周华轩大碉楼曾挂上关塘乡政府的招牌;六十年代,亨美程修建的碉楼曾做过民兵部;南塘的孖碉楼,是两栋并排而建的三层半、外墙灰褐色的碉楼,两楼只相隔几尺,无论高度、面积、款型、色泽、门窗、装饰,甚至连楼内格局都一模一样;龙穴头边山村的"石碉楼",当地人称"石屋",是南朗独一无二的建筑,该楼不开门,却在楼东面与大屋之间两米宽水巷下面筑了地下暗室,通过室下暗道可直入石室底层;还有更稀奇的要数崖口陆家碉楼,特别之处在于天台东面唯一的落地水槽入口处寄生着一棵细叶榕,枝疏叶绿,盘根粗密,历年干旱,也不会叶落根枯。

除此以外,我们也注重晨谈、餐前讲述、平时的沟通交流,等等。总之,语言能力的培养贯穿在日常生活的各个环节中。

(2)共同合作,促动手能力发展

苏霍姆林斯基曾说:"手是思想的镜子,是智力才能发展的刺激物,是意识的伟大培养者，是智慧的创造者。"同时，对幼儿来说，手是他们认识事物、探索世界的重要途径，关系到幼儿发展的方方面面，需要促使幼儿意识到这一点，喜欢自己的小手，愿意提高自我服务能力，感受做事的乐趣。幼儿期是幼儿躯体动作和双手动作发展的最佳时期，孩子的手越巧，脑子就越聪明。所以从小培养孩子们的动手能力非常重要。为此，我让孩子当一回"小小建筑师"，先为孩子提供了丰富的操作材料，如：雪花片、泥胶、木块、瓶瓶罐罐、各种盒子、积塑，等等，再让孩子尝试根据自己的意愿有目的、有计划地进行搭建，让孩子从中学会合作、分享和交流。

（3）参与环境创作，促审美能力发展

《纲要》指出：环境是重要的教育资源，应通过环境的创设和利用，有效地促进幼儿的发展。对幼儿来说，环境就是他们学习的有效资源。为此，在班级环境创设时，我们会与孩子一起商量、讨论，共同参与布置、共同创作，因为孩子的作品，更能体现童真、童趣，更富有观赏价值。

为了让幼儿加深印象，我们裁出4张展板，中间写上醒目的彩色大标题——"南朗碉楼"。让幼儿把刚才做好的碉楼，按事先设计、布局，把一座座碉楼贴在展板上，大家一起检查，发现不满意的地方，逐一修改。比如：4块长方形贴在墙壁上，显得有些死板，于是又在长方形的顶部加了不同形状的楼顶，碉楼的特色一下子出来了。在将孩子的作品粘贴到展板上的时候，又出现了意见不一的状况，有的孩子觉得照片与作品要分开，有的却觉得把照片和作品相结合，我鼓励孩子动手修改，于是把照片先粘贴好，最后在空余的地方把孩子的作品剪下来当衬托，效果果然不错，孩子满意地笑了。此外，在创作"未来的碉楼""立体碉楼"、线描画"碉楼"、装饰画"碉楼"等一系列环境布置中，孩子都积极参与，并大胆发表意见，经过一次又一次的思想火花的碰撞，孩子的审美能力也在无形中得到发展。

自开展班级特色——"南朗碉楼"——以来，孩子从不同的角度对碉楼有了不同程度的认识、理解。孩子为自己的家乡有如此的古建筑而感到骄傲。更重要的是，孩子在参与各项活动中，各方面能力得到了发展，自信心增强了，语言表达能力提高了，使得孩子变得快乐、活泼，并形成了自觉学习的良好品质。

第三节 管理总结

入室学员沙溪镇中心幼儿园刘剑辉管理总结

时间飞逝,转眼间加入广东省金仁萍名园长工作室已经一学期了。回顾在工作室的学习和活动,让我感受到了名师底蕴深厚、热心教育的魅力,感受到了工作室伙伴们孜孜以求、勤于实践、勇于探究的精神,感受到了这个集体给我带来的欢乐与收获。现总结如下:

一、不断进取,提高自我

我热爱中国共产党,热爱人民,坚持党的教育方针,忠诚党的教育事业;思想端正,作风正派,能够服从领导的工作安排,积极参加各种会议,办事认真负责;能够自觉加强政治学习,不断提高自身的政治思想觉悟和师德修养。我谦虚好学,平时爱看书看报,积极参加各类继续教育,不断提高自己的知识和管理水平。本学期我参加了中山市教育局组织的骨干教师华东师大培训班,也参加了工作室赴成都的西部年会,以及每一次工作室组织的各项学习活动。把学到的知识运用到工作实践中,学以致用,刻苦钻研,开拓进取,不断总结,不断提高,努力提升自己的整体素质。

二、以身作则,为人师表

工作中我是园长,工作室内我是班长,因此不论在工作上、生活上、还是学习上,我都能加强廉洁自律,处处事事以身作则,率先垂范,遵守各项纪律，规范办事行为，贯彻落实党风廉政建设的各项规定。我言行一致，表里如一，凡是要求别人做到的，自己首先做到；凡是要求别人遵守的，我首先执行。每一次工作室活动，我都积极参与策划，献计献策，充分发挥示范带头作用。

三、注重课题研讨，提高质量

能够结合工作室课题"幼儿园地域文化'仁·润'教育模式的探寻与实践"开展子课题"幼儿园本土文化融入幼儿园课程建设"研究，积极带领老师们查阅文献及走访各村落，发动全员家长全面征集本土资源，然后结合幼儿的年龄特点与认知规律进行分类与整理，初步建立了幼儿园沙溪镇本土化资源库。围绕民间节日文化、民间艺术文化、民间饮食文化、遗址民居文化开展了"欢欢喜喜过新年""团团圆圆贺中秋""好大一个家"等相关主题活动；探索了沙溪民俗文化融入幼儿园课程建设有效途径，通过积累、整理、提升相关经验，形成了一些课题开展活动方案。并于2018年12月25日面向工作室进行了本土化自主游戏展示活动，本人也进行了《本土文化融入幼儿园课程建设》经验介绍，得到了金仁萍园长的肯定。在2019年1月3日工作室举行的本土文化交流研讨会上，我也进行了本园开展本土文化教学的经验汇报，得到了北京师范大学教授李敏谊的肯定，为我园今后开展本土文化研究打了一支强心针。

四、与名园长交流，开阔视野

在金仁萍名园长工作室学习了很多先进的管理理念和管理经验。认识了一帮园长朋友，增加了我园对外交流的渠道。尤其是在与金园长接触的过程中，她非常无私地帮助工作室的每一位成员，激励大家共同成长。我们的工作室是一个团结合作、乐于学习的团队。各位园长虽然工作繁忙，但是工作室的活动大家都积极参加。我们喜欢来工作室，因为值得学习的对象就在身边。工作室学员各有特色，每一次活动、每一次探讨，各位园长都能各抒己见，讨论过程异常激烈和深入，活动中，总能感受到伙伴们闪耀智慧的思维火花，分享学习成果让我视野开阔，思想升华。我们四个入室学员所在的幼儿园都有自己特色，在管理理念、管理过程、管理手段等方面都很先进，很多地方值得我去学习与借鉴。

本学期，虽然繁忙，但却充实而精彩。未来的日子，我会更加积极地参与到工作室新一年的活动中，继续贯彻执行教育主管部门的指示要求，力争为社会作出更大的贡献。

入室学员小榄镇明德中心幼儿园陈湛管理总结

2018年11月1日是个幸福而特别值得纪念的日子，这一天，广东省金仁萍名园长工作室正式成立。作为工作室的入室成员，我一直怀着感恩的心，感恩我的师傅金仁萍园长让我有机会加入工作室，在这么好的平台上向师傅和姐妹们学习，这是缘分，更是荣幸。师傅是我的引路人，是我仰望的方向，学习的标杆！为了更好地总结自己在工作室一路以来的收获与感悟，留下宝贵的成长足迹，特做了以下个人工作总结：

一、以仁爱之心待人，展示幼教人应有的师德素养

加入金仁萍园长工作室后，我被金园长的仁爱之心深深打动，金园长所提倡的"仁·润"教育包含了"仁者爱人，仁爱满园，文化育人，润泽童心"的内涵。工作室以"仁爱·合作·创新·共享"工作理念为主线，这些先进的理念时刻提醒着我在幼教的路上前行时要不忘初心，坚持以仁爱之心面对每一位幼儿、每一位教师，用以仁爱之心待人，充分展示一位幼教工作者应有的师德素养。

二、积极参加工作室的各项活动，以空杯心态迎接更加丰盈的自己

参加各种研修活动，促进自己在专业水平及幼儿园管理能力方面的提升。

工作室为学员的成长搭建了很好的平台，提供了充足的研修机会，包括课题开题报告会、跟岗学习，等等，在参加金园长工作室所举办的各类研修活动中，我们看到了每一个活动都准备得特别充分，非常关注细节，这些根植教

育实践的活动，让我们的学习更具实操意义，这种精益求精的管理理念就是我们要学习的榜样。本学期，我们还到肇庆学院参加了第一期的研修活动，为期七天的活动，既有丰富的理论知识，又对教育实践提供了充分的支持。在研修活动中，我有机会聆听到各类专家精彩的讲座，他们的高瞻远瞩、丰富的工作经验、所总结的各种有趣有效的教育规律，让我们看到了教育的无限可能。同时，我们也有机会接触不同学段的优秀同行们以及其他幼儿园工作室的学员们，在与他们的沟通中，我们开阔了眼界，了解到更多前沿的信息，看到了同行们前行的努力，让我更有信心地继续前行。

通过参观工作室学员姐妹们的幼儿园，在快乐的分享交流中进行学习，取长补短，促使自己不断地进步。

本学期，我们工作室内也进行了经验交流和分享活动，我们分别到了中山市坦洲镇中心幼儿园和中山市沙溪镇中心幼儿园进行了入园诊断活动，看到了两所幼儿园不一样的精彩。在坦洲镇中心幼儿园，我们看到了孩子们快乐游戏的身影、积极投入的探索。参与的老师们通过分组并参与研讨的方式，分享了各自在观察过程中的案例，并分析了案例背后的原因，提出了解决问题的策略。这种深度思考和讨论，让我们对观察幼儿有了更深入的理解。而郝园长通过一段电影片段深入剖析了师幼互动的过程，让我们看到了优质师幼互动对幼儿发展所起的作用。在沙溪镇中心幼儿园，我们看到了沙溪镇中心幼儿园优秀而醇厚的传统文化气息，无论是极具岭南特色的舞龙舞狮，还是墙面中呈现的各种关于隆都文化的布置，都彰显出沙溪镇中心幼儿园对传统文化传承与发扬的重视。细心聆听刘园长的介绍，更让我们感受到他们的文化不但外化于行，更早已内化于心，幼儿园的地域文化课程俨然已自成体系，有着丰富的积累与沉淀，非常值得我们学习。

三、主动承担送教下乡的活动，使工作室起到更好的示范引领作用

作为工作室的成员，我积极承担送教下乡的任务，在任务重、时间急的情况下，我认真思考、周密安排，力求让参与活动的老师们都能在有限的时间内有所启发，得到一点收获。我所承担的送教下乡的主题是关于园本教研的，选定的地点是小榄镇西区中心幼儿园，选用了这所园15位教师开展了现场教研活

动,而面对对象是我园10多所结对幼儿园近100人。

为了更好地呈现现场教研的整个过程,并真正立足于所参与教研幼儿园本身的实际情况,我在活动前期通过调查问卷表的方式,了解了小榄镇西区中心幼儿园各个班级幼儿在进餐前、中、后三个环节中的亮点和存在的问题,并引发教师的思考,这张调查问卷表的设计为教师的现场教研奠定了坚实的基础。在问题的设计方面,我做了认真地思考,因为我知道问题本身也是思考的逻辑和方向,它可以引导教师去找寻进餐环节存在的问题和解决的策略。通过汇总教师在调查表中出现的问题,我们在现场教研的过程中,以级组为单位开展教研,西区中心幼儿园的老师们在教研过程中参与度非常高,能迅速从众多的问题中找出共性问题,聚焦有价值的问题,并开始了积极热烈的研讨。研讨从发现问题、原因分析和改进策略三个方面展开,讨论得非常深入、到位,汇集集体智慧的讨论结果让现场的老师们受益良多。

现场教研活动后,我还进行了题为《园本教研的实践与思考》的讲座,通过园本教研是什么,研什么,怎样研,应该注意哪些事项等展开论述,让大家对园本教研有了初步的了解,参与活动的老师们都纷纷表示,这次的现场教研和讲座活动让她们受益匪浅,希望以后能有更多这样的机会进行学习。这次送教下乡活动,不但让民办园的姐妹们在专业成长方面获得提升,同时,也充分锻炼了我自己的沟通、协调、组织、安排等各方面能力,更好地促进了自己专业水平的提升,感恩这样的平台让我看到了更好的自己。

四、积极开展课题研究,以课题研究为抓手,促进幼儿园课程文化建设

追随师傅的脚步,我在加入工作室后也在尝试开展课题研究,由于金园长在关于传统文化的课题研究中已经积累了丰富的经验,为此,工作室总课题包含了以地域文化和"仁·润"教育两个重要的关键词,为此,我将我所研究的子课题定位于"基于思维导图的地域文化生成课程实践研究"这一课题,既确保与总课题目标的一致性,又能聚焦课程,更好地发掘我镇的地域文化。在查阅资料的过程中,我对文化的传承有了更进一步的了解。"学前教育要想在巨大的社会变迁中始终保持传统,需要付出和与时俱进的改革相同的努力与创造，犹如划行在湍流中的一只小船，要想保持屹立不动比随波逐流要艰难得多。"读到这句话的时候，我才突然明白到金园长对地域文化、乡土文化的情有独钟，这份款款情深，这份默默坚守，就是一种让人敬佩的教育情怀。

小榄具有菊城的美誉，小榄菊花是极具代表性的地域文化，当我确定了课题方向后，恰逢我镇举办每年一次的菊花会，借着这个契机，我们全园各个班级都在开展关于菊花主题的生成课程。与往年不一样的是，这次的课题研究，我们借助了思维导图这个很好的现代化的学习工具挖掘传统的地域文化资源，在课题开展过程中，我们课题组的老师以级组为单位通过个人、团队制作思维导图的方式，充分思考和讨论关于小榄菊花可以挖掘的资源和题材，然后再由班级教师和孩子们进行对话、互动，生成孩子们感兴趣的课程，参观菊花展、做菊花美食、菊花手工、亲子插花、用菊花开展建构游戏等生成课程诞生了，并受到了孩子们的欢迎。这个课题的开展，使孩子们对菊花文化有了更全面的了解，帮助孩子们从小就产生这种热爱家乡、热爱祖国的情感。

五、我的成长感悟与未来发展方向

选择加入广东省金仁萍名园长工作室这个决定无疑是明智而正确的，能真正成为工作室的入室学员无疑是幸福而感恩的。短短的一个学期，我的工作比以前更加忙碌了，但内心却更加充实了。工作室里有睿智的专家、顾问团队，使工作室变得更加强大而有力量，指明了我们前行的方向。金园长作为我们的领航人，总是在为我们搭建一个又一个平台，提供一次又一次学习和展示的机会，而其他三位入室学员也都是值得我学习的优秀而谦虚的好姐妹。成为工作室学员后，我在参加各类活动的过程中，学到了在管理方面的精品意识，做事的用心用情。在专业成长方面，在聆听各类专家的点评中豁然开朗，有着很多顿悟的时刻，这种专业的引领让我受益匪浅。同时，在参观姐妹们的幼儿园、观摩学习的过程中，看到了一直在幼教领域深耕细作、从不停歇勤奋的幼教人，这种精神的学习也特别值得我重视。在送教下乡的活动中，在承担任务的同时，我不但在专业方面获得了发展，而且在统筹安排、沟通协调等方面的能力也有了长足的进步。

幸福回望，未来可期。回首忙碌的一个学期，留下了一串串或深或浅的幸福足迹，它记录了辛勤的汗水、快乐的成长与满满的师徒情、姐妹情。展望未来，我将继续深入开展子课题的研究工作，扎根教育实践，整理出有价值、有意义的生成课程，充实工作室课题研究。同时，我也将继续在工作室这个平台中，不断汲取养分，滋养专业成长，同时奉献自己微薄的力量，通过各种展示机会，擦亮工作室的品牌，提升工作室的品质，期待广东省金仁萍名园长工作室明天会更好！

入室学员坦洲镇中心幼儿园郝利君管理总结

岁月不居，时节如流。转眼，广东省金仁萍名园长工作室已跨过2018，迈进2019。作为入室学员，跟随着金园长的脚步远行成都、走进沙溪，留下了串串学习与研讨的脚印……

现将2018年度个人工作总结如下：

一、以金园长为榜样，勤学勤思

7月16日，当听到自己成为金园长工作室的入室学员这一消息时，我的内心充满了激动与兴奋，可以与优秀的主持人、优秀的姐妹们一起学习是一件让我向往已久的事情。

11月1日，与金园长和姐妹们在大涌镇中心幼儿园相聚，参加了中山市园长工作室研讨活动暨广东省金仁萍名园长工作室启动仪式。当天第一个活动是广东省金仁萍名园长工作室启动仪式，第二个活动是中山市园长工作室研讨活动。其中，金仁萍园长的分享特别深刻，金园长主张"仁·润"教育，提倡"仁者爱人，仁爱满园，文化育人，润泽童心"的教育思想。

12月13日，与金园长和姐妹们又相聚在成都中国西部幼教年会上。在成都，青岛大学教授段云波博士为我们带来讲座《蒙台梭利之道》。中国蒙台梭利秘书长、蒙台梭利学院院长陈剑进行《中国蒙台梭利教育前瞻——幼小衔接教育》讲座。

12月14日，我们一起聆听了深圳国际蒙特梭利儿童之家校长宋忠良博士的精彩演讲、聆听了台湾儿童暨家庭扶助基金会"幼儿教育与亲职教育"讲师黄馨慧老师和跨界思维教育科技有限公司联合创始人周俊先生的精彩演讲。

12月20日上午，金园长和姐妹们来到我园，进行了工作室第三期集中研修活动——在游戏中观察与师幼互动。

12月25日，我参加了工作室第三期集中研修跟岗活动。金仁萍园长带领工作室入室学员以及部分网络学员来到入室学员刘剑辉园长所在园沙溪镇中心幼儿园，进行了本土文化融入幼儿园课程建设的主题研修。

2019年1月3日，广东省金仁萍名园长工作室课题研讨会在大涌镇中心幼儿园召开，我针对子课题《坦洲咸水歌在幼儿园的实践》相关的理论与研究情况进行了汇报。北京师范大学李敏谊教授为我们现场把脉，综合理论与实践，就学前教育发展、课题研究实践路径进行了针对性诊断，并给予专业性指导。

一路走来，通过多次的活动，看到金园长对工作室的重视，听到金园长对我们几个学员的期望，让我感慨万千。金园长不仅是我学习的榜样，更是生活中的好大姐，她对学习的要求一直在鞭策着我前进，对生活的照顾总是温暖着我的心。我要以金园长为榜样，勤学勤思，虚怀若谷，不断前行。

二、以工作室为平台，边思边研

工作室就是个名园长聚集地，不仅有金仁萍园长这样优秀的主持人，更是有省级园优秀园长。在工作室平台与大家相遇，是一场边思边研的美丽邂逅，在成为工作室的一员后，我更加注重本园各方面的管理与建设。

首先是加强了对师德的建设。2018年11月8日由教育部颁布的《新时代幼儿园教师十项准则》，给新时代的幼儿园以更细致更严格的师德要求，如关心爱护幼儿具体要做到哪些内容，潜心培幼育人的要求是什么，都有了明确的指示。我园通过自主学习、集体讨论等形式，学习准则；通过个案分析、事件解读等形式，细化准则；通过个别交谈、以点带面等形式，强化准则。一学期来无教师师德师风不良的投诉及事件。

其次是加强幼儿园各项工作精细化、流程化管理。本学期，根据存在的问题，我园加强了制度建设，如晨接制度、家长入园制度、午睡起床细则、传染病预案及流程管理，等等。将细小的事情制度化、将复杂的事情简单化，通过一学期的实践，效果良好。

最后是加强子课题"坦洲咸水歌在幼儿园的实践"研究。11月，我们根据园本实际情况和坦洲地域特点，确定了这个选题，并做好了子课题研究申报书的撰写。12月初，我园通过自愿报名，成立了一支由孩子、家长、老师组成的咸水歌社团。12月21日下午，坦洲镇中心幼儿园咸水歌社团成员走出幼儿园，来到了位于坦洲镇坦南文化创意园的咸水歌展览馆，在展览馆里孩子们了解到咸水歌文化的起源和发展。2019年1月11日，为进一步宣传和推广、发扬和巩固咸水歌文化，丰富幼儿及家长水乡文化内涵，让幼儿更深刻地去感受咸水歌独特的魅力，结合上一次开展的参观咸水歌展览馆活动，坦洲镇中心幼儿园"咸水歌社团"下午3：30分在幼儿园综合室又开展了"民间音乐人"活动。此次活动特别邀请到本园两位孩子的太婆和外婆来到幼儿园为幼儿演唱咸水歌。两次活动，是咸水歌进幼儿园的开始，让本土的幼儿欣赏、学习咸水歌，让咸水歌得到传承与创新，这就是我们课题的初衷。

三、以促提高为目的，成长与展望

工作室的活动如火如荼地开展了整整一个学期，各类活动精彩纷呈，而我，在不断地学习与反思中成长。首先，学习的内容让我了解到最新的幼教资讯与幼教方向；其次，学习的过程让我体验到各种不同的组织形式与安排，各种不同的人与事之间的相互关系，各种不同的效果；最后，在学习后反思，可以取精去粕，实践探索，以促进自我的提高。

2019年，我将继续以空杯的心态参与到工作室的各项活动中，向金园长学习，向姐妹们学习，加强子课题的研究，将展望落实到行动中，努力奔跑，不断进步！

入室学员南朗镇中心幼儿园张亚林管理总结

本人自进入金仁萍名园长工作室以来,感觉自己一直在快乐中成长,不知不觉一学期就结束了,回想在名园长工作室的这段日子我感触颇多。先用四句诗概括我进入工作室的感想:"得遇良师,何其有幸!一语点醒,万分感激!教海无涯,学山有劲。前路修远,不忘初心。"下面就个人工作做以下几方面回顾:

一、不忘初心、牢记使命

本人追寻着"认真做事,勤谨做人"的不变信念,在日常工作中秉承"四特"精神(特能吃苦、特能吃亏、特能奉献、特能战斗)从带头学习讲政治、带头干事谋发展、带头创新建佳绩、带头服务比奉献、带头自律树形象等方面审视自己的工作。在生活上廉洁自律,以敬业和奉献的榜样精神来感染教师群体,努力做到一个党员一面旗帜。本人2018年被评为"中山市师德标兵",幼儿园被评为"中山市师德先进单位"。

二、找准方向,反思自我

有句话说得好,找到努力的方向比努力更重要。自我与金仁萍名园长工作室的几位姐妹相处至今,金园长的和蔼谦逊、幽默风趣、厚重大气令我深深钦佩,特别是她那出口成诗、句句蕴含哲理的话语总是给人很深的思考。她说:一个优秀教师要品行兼优、以德为先、立德树人、树育孩子、树育自己,用一颗爱人、善良的心,关注着每个孩子的成长;同时一个优秀的教师既是学习者、教育者,还是沟通者、示范者,要脚踏实地做事情;"活到老,学到老"是竹杖芒鞋轻胜马的闲适,也是惊涛骇浪卷起千堆雪的豪情壮骨!"'仁·润'教育源大涌,文化引领价值求;省市镇级同厚爱,只凭幼教报春晖。""品味幼教甘美，收获感动喜悦；怀抱新春梦想，种植希望幼苗；待到金秋时节，化作香山芬芳。"诸如此类的话语和诗词无时无刻不影响着我，使我更加明白了自己将要奋斗的方向。工作室几位姐妹们一切以工作为主的敬业精神令我深深感动，她们独特的教学技法令我深深钦佩，她们待人真诚谦逊的品质深深感染着我，她们的内涵和才学也让我终于明白了她们之所以能成为名园长培养对象的原因，那就是她们有明确的奋斗方向，并且能够坚持不懈地为之努力，在努力的过程中能不断地自我反思，在反思中不断进步……我很庆幸自己能够加入这个团队，我相信在她们的熏陶和感染下我会更上一个台阶。

三、学会沉淀，改变自我

人生像一杯茶，经过生活的洗礼时要学会沉淀自己。在名园长工作室的引领下，我们增长了前进的动力，从更大程度上激发了自己的潜力。在这一段时间里，我由以前懒于总结整理到现在勤于发现总结，通过不断学习、反思，沉淀自己，让自己在一定程度上得到提高。同时作为幼儿园业务园长，我深知自己肩上的担子很重；师德要模范、带头创新建佳绩，把争创一流工作效果放在工作首位。在工作创新方面：我认真制订有效的教科研工作方案，把制订方案的过程看成是一个教学研究的过程。我投身到教学一线，带领教师们科学研讨《指南》背景下幼儿园教学模式改革。《混龄大自主游戏环境提供和指导策略》《主题式的幼儿园乡土化建构游戏开发与教育策略实践研究》和《生活化幼儿园美术课程研究》等主题探究，均取得了突破。2018年4月，本人主持的省级课题顺利结题，成果多次在市内外进行现场交流和展示。在不断地学习当中，我时刻感到自己的不足，因此我积极利用空余时间阅读学习先进经验和新的教育理念，不断充实自己，更好地进行教育教学实践。认真学习业务理论知识，钻研教育教学技术，树立了终身学习的理念，明确了教师职业发展的重要内容和时代特征，按照工作职责，深入实际调查研究，高效务实。明确幼儿园发展愿景。这一学期我积极地参与名园长工作室的各种学习，平时利用网络及时与名园长交流，与教师们进行同课异构、教科研研究情况交流，和园长们进行管理经验交流分享，找到自己与名园长的差距，快速提高自己。在名园长工作室的各种活动中，例如：在肇庆学院参加的广东省"强师工程"名教师、名校（园）长入室成员的培训，通过学习，让我清醒地认识到，专家与名师之所以能成为专家与名师，是因为他们拥有广博的知识积累和深厚的文化底蕴。能够"恰当把握教学生成"是与他们辛勤地付出，不断地积累总结分不开的。"不经一番寒彻骨，哪得梅花扑鼻香"是他们的最好写照。作为一名省名园长工作室入室成员，要静下心来钻研自己的业务，静下心来阅读启迪智慧的书籍。只有真正的"静心"，坚定在教育岗位上学做"针线活"，粗细分明、要有眼光、要会欣赏、克服浮躁，才能"以强烈的责任感、使命感"做一个幸福、快乐的幼儿教师。

四、学以致用，实现自我

"学了不会用等于白学"我经常跟老师们这样说，要把学习到的东西为自己所用。所以我坚持把在名园长工作室所学的东西用于教学和管理中。

1. 教改科研

本学期，我把在工作室中获得的教学理论和管理经验用于我的课题、教学和幼儿园管理中，并积极进行探索，不断地分析、讨论，总结出一套适合自己幼儿园孩子特点的实用有效的教学方法，让孩子们在游戏中学习、在操作感知中领悟知识技能；让教师们在互动中提升教育教学能力。我们收集和整理了许多课题研究的过程成果（教育随笔30多篇、优秀案例12篇、论文35篇等）。本人执教的建构游戏"南朗崖口海鲜街"获得中山市首届精品课程评比一等奖；并撰写教育案例参加广东省优秀案例评比。

2. 示范引领

培养徒弟，承担对外教学研究工作。我既是广东省骨干教师、中山市幼教科研中心教研组成员，又是名园长工作室入室成员，兼于这三重身份，我力求在加强自身学习、积极承担教学公开的基础上，尽可能指导好徒弟。我经常与他们讨论《纲要》心得、研究教学。同时作为一名镇中心教研组长，我多次策划组织开展全镇教师培训活动，并做了专题讲座及现场课例展示交流总结点评教学（例如：2018年9月向全市同行开展《建构游戏中教师的观察与指导》专题讲座；2018年9月28日向全市幼儿园教师工作室及青年骨干教师培养对象开展《活动安排效率》专题讲座），带领教师们送教下民办和村办园，指导南朗镇瑞乐儿上市一级，指导崖口、海湾城幼儿园上规范，三所幼儿园顺利通过评估，还带领中心教研组成员到各园去指导办园水平、指导教科研工作等。2018年11月21日到大涌镇岚田幼儿园送教下乡，对引领教师们如何上好一堂优质课及课程生成的原则和理念等进行了讲解。我于2018年11月22日参与了"情系乡土，送教小榄"活动，带领全体人员一起学习《新时代幼儿园教师职业行为规范十项准则》，让大家不忘初心、牢记使命，时刻保有幼教人的初心和使命；于2018年12月20日参加工作室第三次集中研修跟岗活动，在活动中，我积极主动带领教师们进行游戏现场观察与评价，还担任组长代表组员分享我们观察探讨情况；于2019年1月3日在大涌中心幼儿园为工作室全体学员及市内同行们开展《主题式幼儿园乡土化建构游戏实践研究》经验介绍，得到专家和领导们的肯定。

  总之，名园长工作室不仅为我提供了提高自身素质的空间，也成为我们互相学习、互相促进的大家园。在这个大家庭里，我们找到了自己前进的方向；在这个大家庭里，我们体会到了互助共进的热情；在这个大家庭里，我们更领略了名园长的风采。在新时期教学改革的今天，社会对老师素质的要求更高，在今后的教育教学和管理工作中，我将更加严格要求自己，努力工作，发扬优点，弥补不足，开拓进取，努力成为一名优秀的名园长工作室成员。

  青少年是祖国的未来、民族的希望。把下一代教育好、培养好，从学校抓起、从娃娃抓起，是教育的神圣使命。认真学习贯彻习近平总书记重要讲话精神，把思政课办得越来越好，我们就定能培养好担当民族复兴大任的时代新人，培养好德智体美劳全面发展的社会主义建设者和接班人。